墨香财经学术文库

"十二五"辽宁省重点图书出版规划项目

Research on Human
Resource Development for the Elderly

高琳 ◎ 著

老年人力资源开发研究

东北财经大学出版社
Dongbei University of Finance & Economics Press

大连

图书在版编目（CIP）数据

老年人力资源开发研究 / 高琳著. 一大连：东北财经大学出版社，2021.5
（墨香财经学术文库）
ISBN 978-7-5654-4176-9

Ⅰ．老… Ⅱ．高… Ⅲ．老年人-人力资源开发-研究-中国 Ⅳ．F249.21

中国版本图书馆CIP数据核字（2021）第067095号

东北财经大学出版社出版发行

大连市黑石礁尖山街217号 邮政编码 116025

网 址：http：//www.dufep.cn

读者信箱：dufep @ dufe.edu.cn

大连永盛印业有限公司印刷

幅面尺寸：**170mm×240mm** 字数：138千字 印张：9.75 插页：1
2021年5月第1版 2021年5月第1次印刷
责任编辑：张晓鹏 石建华 责任校对：曲以欢
　　　　　郭海雷 孙 越
封面设计：冀贵收 版式设计：钟福建
定价：45.00元

教学支持 售后服务 联系电话：（0411）84710309
版权所有 侵权必究 举报电话：（0411）84710523
如有印装质量问题，请联系营销部：（0411）84710711

辽宁省社会科学规划基金项目

人口老龄化背景下辽宁省低龄老年人力资源开发研究

（批准号：L18DGL004）

批准单位：辽宁省社会科学规划基金办公室

承担单位：大连职业技术学院

项目负责人：高琳

主要研究人员（按姓氏笔画为序）：

刘世鹏　刘爽　张铭　韩金

前言

1999年，中华人民共和国迎来了50周年华诞。然而随着老年人口数量的不断增长，该年我国60岁及以上老年人口达到1.28亿人，超过人口总数的10%，占总人口数的10.18%，按照国际标准，中国已悄然进入了老龄化社会。

2016年，中国进入老龄化社会后的第17年，对老年人力资源开发来说是具有转折性的一年。根据民政部印发的《2016年社会服务发展统计公报》，截至2016年年底，我国60岁及以上老年人口达2.3亿人，占总人口数的16.7%。其中，65岁及以上人口达1.5亿人，占总人口数的10.8%。同年10月，国务院办公厅印发《老年教育发展规划（2016—2020年）》。随后，各地纷纷跟进出台相关规划，加快发展老年教育，全面贯彻党的十九大精神，以习近平新时代中国特色社会主义思想为指导，将老年教育作为人力资源强国战略指导下积极应对人口老龄化的重要策略和工作目标。

党的十九大报告清晰擘画了全面建成社会主义现代化强国的时间表、路线图。报告指出，综合分析国际、国内形势和我国的发展条件，从2020年到本世纪中叶可以分两个阶段来安排。在2020年全面建成小康社会、实现第一个百年奋斗目标的基础上，再奋斗15年，到2035年，基本实现社会主义现代化。从2035年到本世纪中叶，在基本实现现代化的基础上，把我国建成富强、民主、文明、和谐、美丽的社会主义现代化强国。作为实现伟大复兴中国梦的一部分，老年人力资源开发也应当有自己的奋斗目标。对此，谨提出以下时间战略表：到2020年，全面提高对老年人力资源的认识，理顺管理体制，形成综合协调机制，基本形成覆盖广泛、灵活多样、特色鲜明、规范有序的老年人力资源开发新格局；到2035年，老年教育机构普遍建立，教育资源相对丰富，老年人力资源开发得到提升，老年人群的劳动参与度显著提高；到2050年，拥有成熟的老年教育立法，制定相关的政策，老年教育发展成熟，老年群体劳动技能升级，老年人力资源得到充分开发，老年人的社会价值、社会荣誉得到充分体现。

呈现在读者面前的这本"小书"就是围绕我国人口老龄化背景下老年人力资源开发这一重要课题展开的，它在探讨和分析老年人力资源开发的必要性、可行性、国内外经验对中国启示的基础上，总结出老年人力资源开发的现状及影响老年人力资源开发的主要因素，建构老年人力资源开发模式，提出了我国老年人力资源开发切实可行的措施。

衷心地希望本书能够给各级民政部门、老龄委、各类培训机构、各类院校以及广大老年福利机构以帮助和启迪，对推进我国老年人力资源开发，应对人口老龄化挑战，完善我国的老龄工作发挥应有的作用。

在编写本书的过程中，笔者参考了大量相关文献，在此向原作者表示衷心的感谢。同时，感谢大连职业技术学院（大连广播电视大学）给予的学术著作出版资助，这对年轻学者来说是莫大的鼓励与支持。此外，亦感谢东北财经大学出版社的大力支持，并对写作过程中给予支持和帮助的亲人、朋友致以深深的谢意。

由于时间、条件等的限制，书中难免有不足之处，恳请各位读者批评指正。

同样的人生，不同的境界，愿所有老年人都能老有所养，老有所依，老有所乐，老有所学，老有所为，才有所教！

高　琳

2020年10月24日重阳节前夜

目录

第1章 绪论

1.1 研究背景

人力资源，又称劳动力资源或劳动力，是指在一个国家或地区中，能够推动整个经济和社会发展的人口之和。老年人力资源，是人力资源中的一部分，是指具有劳动意愿和劳动能力的老年人口。老年人力资源开发是指一个国家或地区，通过一系列有计划的教育培训等活动，使老年人力资源的潜能得以充分发掘与合理使用。对于一个老龄化的国家或地区来说，老年人力资源的开发虽然复杂但是非常有意义。

随着老龄人口规模的日益扩大，我国将面临沉重的人口年龄结构老化压力，这将给国家和社会带来沉重的养老负担。人口老龄化本身不是问题，但问题是如何应对老龄化所带来的不利影响。"老骥伏枥，志在千里"，人口老龄化促使老年人再就业研究成为必要，分析老年人再就业的基础条件和再就业的现实困境、探析老年人再就业的政策路径也是不可避免的。因此不仅国家在政策上制定若干措施来促进老年人再就业，而且地方政府也应时刻重视与落实老年人再就业问题，不断完善老年人再就业的渠道，以此来缓解人口老龄化问题给社会所带来的沉重的养老压力。

1.1.1 国际背景

生育率和死亡率的持续下降引起老龄化现象，不断延长的人类平均寿命使老年人口在总人口中的比重越来越大。21世纪是人口老龄化问题比较严重的世纪，其广泛影响着社会生活的各个方面。由于人口结构正在不断改变，世界各国关注的重大人口问题也逐渐转向人口老龄化。老龄化问题不但是社会问题，也是经济问题，如果处理方式不当，必然会给社会经济的发展带来极大的负面影响。伴随着城市化和工业化的进程，人口老龄化现象在发达国家逐渐突出。第一次世界大战后，德国、英国等国的人口结构发生了变化；北美国家在此之后也改变了人口格局，几乎所有发达资本主义国家都在20世纪中叶完成了人口结构转型。在20世纪与21世纪之交，世界60岁及以上人口总数接近6亿，占当时人口总数的10%。这表明世界已经进入老龄化时代。

面对世界人口老龄化的趋势，联合国对于人口老龄化有一个传统划分标准：如果一个国家或地区60岁以上老人总数达到总人口的10%，或65岁以上老人占总人口的7%，就视为该地区进入老龄化社会。[①]根据这个标准，当前全世界190多个国家和地区中，已经有60多个进入老龄化社会阶段。1850年，法国60岁及以上的人口占总人口的10%，成为世界第一个老龄化国家，瑞典、挪威紧随其后，在19世纪末进入老龄化。到了20世纪，由于受到社会文化及经济等因素的影响，许多发展中国家及一些发达国家也都纷纷加入老龄化的行列。据此估算，预计在之后的50年间，老年人的数量将会出现翻倍的情况，即到2050年，60岁以上的老年人口的总数将达到20亿，占总人口的21%，创史上新高。老年人的数量也会超过14岁以下的儿童的数量。在一定程度上，由于生活水平的提高，百岁老人的数量也将增加，将从2002年的约21

---

① 魏淑清. 人口与经济发展的相关性分析——基于西部11个省会城市的时序和截面数据 [J]. 北方民族大学学报（哲学社会科学版），2015（5）.

万人增加到 320 万人。预计到 2050 年，非洲老年人数量将从 4 200 万人上升到 2.05 亿人；亚洲从 3.38 亿人增加到 12.27 亿人；欧洲从 1.48 亿人增加到 2.21 亿人；美洲从 9 600 万人增加到 3 亿人。①

1.1.2 国内背景

随着人均寿命的延长和总和生育率的降低，中国老年人口占总人口的比重逐年上升。按照国际老龄化的标准，中国自 2000 年就进入老龄化社会，60 岁以上人口占总人口的 10.2%，65 岁以上人口占总人口的 6.9%。2018 年年末，中国 60 岁以上人口规模约为 2.5 亿人，占总人口的 17.9%，这意味着每 6 个人中就有 1 个 60 岁以上的老年人。②根据全国老龄委的预测，到 2030 年我国 60 岁以上老年人口总量将达到 3.6 亿人，占总人口的比重约为 25%，到 2050 年我国 60 岁以上老年人口总量将超过 4 亿人，占总人口的比重将超过 30%。③

老年人口的逐年增加与总和生育率下降的双重影响，导致劳动年龄人口的规模和比重长期持续下降。中国 15~59 岁劳动年龄人口比重在 2010 年达到 70.14% 的峰值后开始下降，绝对数量在 2011 年达到 9.41 亿人的峰值后开始下降。根据人力资源和社会保障部的预测，2030 年劳动年龄人口将减少到 8.33 亿人，到 2050 年进一步减少到 6.53 亿人。④中国人口老龄化仍在向纵深发展，由此可能导致未来劳动力供给不足，以及家庭和社会的养老负担加重等问题。

中国作为一个发展中国家，怎样去面对老龄化的趋势成为令人关注的问题。在这个问题上，如果处理得好就是百年不遇的机遇，反过来则是人口老年化危难。如果我们积极抓住机遇，具有明确的态度并采取有效的措施，正面迎接老龄化带来的极大挑战，将被动变成主动，完全使用好我国的老年人口资源，就可以将劣势转变成优势。应对人口老龄化

① 佚名. 分析世界人口老龄化进程特点 [EB/OL]. (2013-07-15). https://zhidao.baidu.com/question/570145581.html.
② 国家统计局. 中华人民共和国 2018 年国民经济和社会发展统计公报 [EB/OL]. (2019-02-28). http://www.stats.gov.cn/tjsj/zxfb/201902/t20190228_1651265.html.
③ 全国老龄工作委员会办公室. 中国人口老龄化发展趋势预测研究报告 [EB/OL]. (2006-02-24). http://www.cncaprc.gov.cn/contents/16/11224.html.
④ 人社部. 2030 年后劳动年龄人口每年将减少 760 万 [EB/OL]. (2016-07-22). https://www.sohu.com/a/107121141_119536.

强大压力的正确选择，就是实现老年人再就业。目前外国非常重视老龄化的相关理论及实践研究，激励老年人再就业，我国在应对老龄化方面应和国际上通行的思路和做法接轨。

我国提倡"老有所为，老有所想"。老年人群体被看成是价值不断增长的一部分群体，老年人不会因为自身年龄的变化而失去价值，我们要充分利用老年人力资本，在老龄化背景下积极推动实现老年人再就业。随着老龄人口规模的逐渐增大，人口年龄结构老化，将给国家和社会带来沉重的养老压力。人口老龄化促使老年人再就业研究成为社会热点，分析老年人再就业的条件和再就业的现实问题，提出若干措施来促进老年人再就业，以此来缓解人口老龄化所带来的养老压力。

由于我国老年人口基数较大，老龄化速度快，我国进入了"未富先老"和"边富边老"并举期。但是各地区老龄化的差异程度很大，空间分布不平衡，主要表现为东部和西部之间以及沿海地区和内陆之间、农村和城市之间的差别明显，东部沿海经济发达地区人口老龄化的速度明显快于西部经济欠发达地区，例如西藏可能还要更晚一些进入老龄化社会。

从全局来看，老年人再就业不仅可以减轻国民养老负担，激励消费，带动内部需要，提高老龄产业持续健康发展升级，还可以缓解劳动力人口稀缺现状，增加老年人口的收入，减轻家庭负担，从而缓解由于老年人的赡养问题所造成的社会矛盾。

中国在20世纪初迎来了"三低"人口增长模式，这意味着中国在不到30年的时间内完成了人口增长模式的转型。从时间的角度上，老龄化是后期的，但在速度上是逐渐加速的。1954年，出生率为37.97‰，在20世纪50年代末生育率急剧下降。1963年，生育率回升，达到了前所未有的43.37‰。20世纪70年代初，由于计划生育政策的影响，出生率也呈现下降趋势。1970年，出生率为33.43‰，1979年，这一数字降至17.8‰。2019年中国内地总人口140 005万人，比上年末增加467万人。全年出生人口1 465万人，人口出生率为10.48‰，人口自然增长率为3.34‰。预计2030年总人口数将增加到14.3亿人，人口出生率为8‰，自然增长率为0.4‰。①可以看出中国面临严重的老龄化趋势。

2018年第十三届二中全会工作报告指出，中国人口老龄化浪潮到来，补齐短板迫在眉睫。逐步高度老化是我国人口年龄结构的一种发展趋势，老年人赡养问题在未来必然会进一步凸显。这意味着中国既应该做好面对人口老龄化的准备，也要依靠雄厚的经济实力和一系列养老经验来解决逐渐加重的人口老龄化问题。因此我们该如何面对这一人口转型令人深思。

长期以来，政府和理论界对老龄化的关注点集中在医疗健康和养老保障上，忽略了老年人的自身价值。中国现行的强制年龄退休制度，使越来越多的年富力强的低龄老年劳动者被迫退出劳动力市场，但他们的身体健康状况仍能胜任工作岗位要求，工作多年积累了丰富的人脉和工作经验，具有较高的人力资本。这些老年人不该成为家庭和社会的养老负担，他们完全有能力进行自我供养。然而，中国老年人力资源尚未较好地开发利用，闲置和浪费的情况较为严重，应该引起政府和理论界的广泛关注。因而，在人口老龄化背景下探讨老年人力资源开发具有重要的意义。

1.2 老年人力资源开发的必要性

1.2.1 老年人口数量快速增长，抚养比上升

中国的人口结构转变和人口老龄化造就了日益庞大的老年人口，中国是世界上老年人口规模最大的国家，2010—2019年我国老年人口绝对数量的年均增长量近1 000万人（见表1-1、图1-1）。

表1-1　2010—2019年中国60岁及以上老年人口规模和比重变化

	2010年	2011年	2012年	2013年	2014年	2015年	2016年	2017年	2018年	2019年
老年人口规模（万人）	17 765	18 499	19 390	20 243	21 242	22 200	23 086	24 290	24 949	25 388
老年人口比重（%）	13.26	13.70	14.33	14.89	15.54	16.14	16.70	17.33	17.90	18.13

资料来源：中华人民共和国2010—2019年国民经济和社会发展统计公报。

---

① 国家统计局. 中华人民共和国2019年国民经济和社会发展统计公报［EB/OL］.（2020-02-28）. http://www.stats.gov.cn/tjsj/zxfb/202002/t20200228_1728913.html.

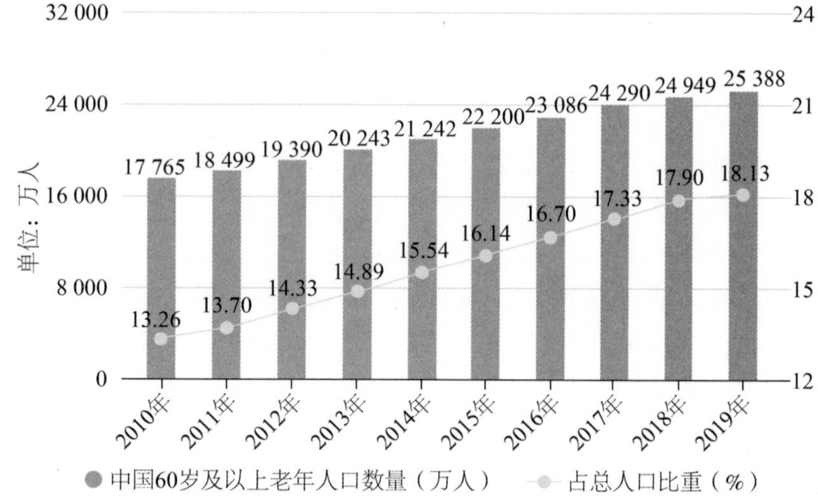

图 1-1　2010—2019 年中国 60 岁及以上老年人口数量及占总人口比重统计情况

资料来源：中华人民共和国 2010—2019 年国民经济和社会发展统计公报。

60 岁及以上老年人口比重从 2010 年的 13.26% 增长到 2019 年的 18.13%。根据联合国的标准，60 岁及以上老年人口占比超过 20%，65 岁及以上老年人口占比超过 14%，说明进入深度老龄化社会。按照此标准，中国即将进入深度老龄化社会。

一方面，60 岁及以上老年人口的绝对数量和相对占比均呈快速增长；另一方面，15～59 岁劳动年龄人口规模[①]和比重同期呈现逐年下降趋势（见表 1-2）。因此，老年抚养比处于逐年上升状态。2019 年劳动年龄人口为 89 640 万人，老年人口数量为 25 388 万人，老年抚养比为 28.32%，也就是大约每 3.5 个劳动力就要抚养 1 个老年人。劳动年龄人口的绝对数量和相对占比连年下降，结构性人力资源的缺乏，其中人才资源的短缺尤其明显，特别是在一些高精尖的技术领域。从长期来看，劳动力供给继续下降的趋势不可避免。[②]劳动力人口的逐年减少、老年人口的快速增加，减缓了中国经济增长的速度。王金营和杨磊的实证研究发现，老年抚养负担每上升 1 个百分点，就会导致经济增长速度降低

[①]　2010 年的 15～59 岁劳动年龄人口规模数据是个例外，2011 年的该项指标比 2010 年的该项指标微增。

[②]　王德文. 人口低生育率阶段的劳动力供求变化与中国经济增长 [J]. 中国人口科学，2007（1）：44-52.

1.06个百分点。^①为应对人口老龄化的严峻形势，中国在2016开始实施全面放开二孩生育政策。但劳动年龄人口的增加尚需要一段时间积累，与此同时，育龄妇女的生育意愿并不强，短期内并未出现政策红利，未来中国老龄化的趋势仍将延续。根据学者对中国老年人口和劳动年龄人口的绝对数量和相对占比的预测（见表1-3），2020—2050年老年人口绝对数量将从2.59亿人增至4.91亿人，相对占比从18.56%增至37.54%。劳动年龄人口规模和占比进一步降低，绝对数量将从2020年的9.01亿人减少至2050年的6.53亿人，同期劳动年龄人口比重从64.35%降至49.97%。^②参考第六次全国人口普查中低龄老年人大专以上文化程度的比例以及低学历高级技术人员的数量，我国目前的低龄高智老年人口数量至少在700万人以上，具有很大的开发潜力。由于老年人知识和经验上的优势可以弥补人力资源市场的结构性短缺，因此，大力开发老年人力资源，特别是低龄高智老年人力资源就极为必要。

同时，要保持经济快速稳定的增长态势，必须有效地开发和利用现有的劳动力资源，将劳动年龄人口维持在一个合理的水平。与发达国家相比，中国的法定退休年龄比较低。60岁及以上的老年人身体状况尚能胜任一些工作岗位，他们有工作能力也有工作意愿。年富力强的老年劳动者过早地退出了劳动力市场，既是人力资源的浪费，也加重了中国劳动年龄人口的老年抚养负担。因此，开发现有的老年人力资源，给更多的老年劳动力创造更多的就业机会，是顺应人口和经济发展形势的需要。

1.2.2　老年人就业是其自身健康和发展的需要

马斯洛需要层次理论把人的需要分成五类，不管是年轻人还是老年人都有被尊重与自我实现的高层次需要。随着人均预期寿命的延长、医疗水平的改善和健康状况的提高，越来越多的老年高技能人才希望能够继续从事工作，实现自己更高的价值追求。就业是公民的一项基本生存和发展的权利，同样也应该是老年人的基本权利之一。就业不应该将老

---

① 王金营，杨磊. 中国人口转变、人口红利与经济增长的实证［J］. 人口学刊，2010（5）：15-24.
② 童玉芬，廖宇航. 银发浪潮下的中国老年人力资源开发［J］. 中国劳动关系学院学报，2020，34（2）.

表1-2

2010—2019年中国15～59岁劳动年龄人口规模和比重变化

	2010年	2011年	2012年	2013年	2014年	2015年	2016年	2017年	2018年	2019年
劳动年龄人口规模（万人）	94 052	94 112	93 754	93 468	93 023	92 547	92 111	91 570	89 729	89 640
劳动年龄人口比重（%）	70.14	69.85	69.24	68.69	68.01	67.33	66.66	65.87	64.30	64.03

资料来源：中华人民共和国2010—2019年国民经济和社会发展统计公报。

表1-3

中国老年人口和劳动年龄人口规模和比重预测

	2020年	2030年	2040年	2050年
老年人口规模（万人）	25 900	37 400	43 900	49 100
老年人口比重（%）	18.56	36.61	32.00	37.54
劳动年龄人口规模（万人）	90 100	83 300	76 700	65 300
劳动年龄人口比重（%）	64.35	59.18	55.87	49.97

资料来源：童玉芬，廖宇航.银发浪潮下的中国老年人力资源开发 [J].中国劳动关系学院学报，2020（2）.

年人排除在外，老年人的就业意愿理应受到尊重。①

随着社会经济的发展和医疗技术的进步，中国老年人的平均预期寿命呈现逐年增长的趋势，从2010年的74.8岁上升至2018年的77岁。②杜鹏使用2010年第六次全国人口普查数据进行研究发现，有43.82%的老年人自评身体健康，39.33%的老年人自评基本健康，两项合计达到83.15%，说明中国绝大多数老年人的健康状况良好，并不会成为家庭和社会的照护和医疗负担。③老年人的健康状况使其具备继续劳动的能力，反过来老年人的就业也会利于身心健康，应满足老年人的心理需求，实现积极老龄化和健康老龄化。2002年的联合国世界老龄大会提出了面向21世纪的积极老龄化战略，将"健康老年"的概念进一步拓展为"积极老龄化"。会议指出，老年人是可持续发展的资源，是能够为社会和人类带来收益的有价值的资源；会议倡导老年人要摆正自身位置，要以积极的、健康的姿态参与社会发展，老年人不是社会的负担。各个国家及地区制定人口老龄化战略都受此次会议影响，积极老龄化成为共识，各个国家及地区在此基础上，积极探索老年人力资源开发的途径和方法。④

如果老年人的身心健康得不到保证，不仅会给子女造成很大压力，使其无法安心工作和生活，也会给国家造成很大压力，成为社会严重的负担。而老年人如果能够在退休后，重新进入劳动力市场，重新回到他熟悉的环境里，对其身心健康都有好处，实现积极老龄化和健康老龄化。廖煜娟使用2006年中国城乡老年人口追踪调查数据对老年人的就业意愿进行实证分析，发现有约20%的老年人有明确的就业意愿。⑤程杰的研究发现：越来越多的老年人希望通过就业和以前的同事、客户以及社会保持密切的联系，继续实现自己的人生价值；还有一部分老年人因为个人养老金预算限制和家庭收入不足，就业是为了更多地赚取收入。⑥可见，就业也是很多老年人自身的需求。

---

① 郭梦怡. 增权视阈下城市老年人社会参与研究 [D]. 长春：吉林大学，2017：9.
② 陈炜伟. 70 年来我国人均预期寿命从35岁提高到77岁 [EB/OL]. (2019-08-22). http://www.gov.cn/xinwen/2019-08/22/content_5423534.htm.
③ 杜鹏. 中国老年人口健康状况分析 [J]. 人口与经济，2013（6）：3-9.
④ World Health Organization.Active Ageing：Policy Frame-work [J]. The Aging Male，2003（1）.
⑤ 廖煜娟. 老年人就业意愿与就业行为研究 [J]. 贵州大学学报（社会科学版），2013（1）：122-126.
⑥ 程杰. "退而不休"的劳动者：转型中国的一个典型现象 [J]. 劳动经济研究，2014（5）：68-103.

1.2.3 劳动力市场存在老年人就业的现实需求

老年人群蕴藏巨大的劳动潜力，能弥补劳动力市场和人才市场上的部分结构性不足，缓解人才资源不足的危机，提高人力资源利用率。在社会经济发展中，有不少行业是需要老年人力资源的。首先是传统的高技术产业，老年人凭借多年积累的工作经验，退休后可以继续从事本职工作。如老年高级技工人才被很多机械企业争相聘任，以缓解数控机床控制、模具设计与制造等领域的技工荒。公立医院的名医、专家、教授退休后在民营医院继续发挥余热，他们医技高超、医德高尚，给民众就医带来了很大的方便，也增强了民营医院的竞争实力。还有教师、科技工作者、文艺工作者等从工作岗位退下来后，继续积极为社会服务，提供智力援助。以博士毕业的女性大学教师为例，一般退休年龄为55岁（高级职称为60岁），如果入学年龄为7岁，在学业一直顺利的情况下，则28岁博士毕业，工作时间为27年（最多32年）。但是事实并非如此，无论学业还是生活中总会有一些阻碍，一般会在30岁左右博士毕业，甚至可能在三十四五岁才能毕业，如果在30岁之后才能进行全职工作，非高级职称工作时间最长为25年。在这期间，女教师还要结婚生子，有效工作时间又要减少1年。由此可见，国家人才资源特别是受过高等教育的人才资源的培养时间要大于人才工作时间，这降低了人才资源利用率。女性高级知识分子在55岁的时候，经验、学识、阅历等都达到了人生中非常好的时候，却迎来了退休的时间。由此可见，很多人过了法定退休年龄还可以继续从事工作，并且他们有相当大的热情。

其次是新产生的行业，老年人也有独特的优势，如养老行业的老年照料等。日本是全世界老龄化程度最严重的国家，日本的老年长期照料服务业在全世界也是非常有名的，其中一个重要特色就是低龄、健康老年人照料高龄、行动不便的老年人。

老年人力资源的开发，一方面，挖潜可能浪费的人力资源，创造社会财富，同时也可以增加个人收入，为个人养老储备较好的物质基础，减轻家庭和社会的负担；另一方面，老年人有了更多的收入，可以增加消费，促进社会老年产品开发和第三产业中老年服务业的发展。虽然老年人随着年龄的增长，体能会下降，但互联网的发展和人工智能的应用，为其就业提供了更大的可能性。因此，劳动力市场并不是一概排斥老年人。

1.2.4 老年人力资源开发成本低，利于创造就业

现代人力资源管理理论认为，人的职业工作能力发展要经过培育期、成长期、成熟期、鼎盛期、维持期和衰退期六个时期。人过了50岁，基本进入了职业能力的维持期。根据卡特尔老年智力发展理论，人的智力可分为晶体智力（crystallized intelligence）和液体智力（fluid intelligence）。液体智力是指以生理为基础的认知能力，是对事物辨识、记忆、理解的能力，其发展与年龄有密切的关系，一般在20多岁达到顶峰，30岁以后将随着年龄增长而降低。晶体智力是指以经验知识为基础的认知能力，与教育、技能等后天的努力有关系，晶体智力不会随年龄增长而降低，因为知识经验的积累是需要时间积淀的，它反而会随着年龄增长有升高的趋势。随着年龄的增长，虽然老年人的液体智力会下降，但晶体智力却由于知识的长期积累而增长。[①]

年轻人接受和处理新鲜事物的能力较强，而老年人生活阅历、工作经验丰富，在分析问题、解决问题方面的能力较强。另外，由于营养和健康状况的改善，老年人的生命质量提高，其体能和智能的衰退也呈现缓慢、曲折的状态。经验研究表明，老年人衰退较快的能力包括记忆能力、快速反应能力和注意力高度集中能力。[②]老年人积极参与社会活动，尤其是市场劳动，通过工作与外界加强交流和学习，可以延缓其衰老速度。老年人仍有较大的人力资源开发潜力，如果他们不断地适应新的社会思想，及时掌握新的工作技能，必然会延缓衰老过程。

老年人就业的优势体现在：首先，老年人相比年轻劳动者，其再就业后的培训成本较低。从社会角度来说，这有利于更多资金用于经济发展和创新，创造更多的就业岗位和机会，扩大劳动力需求。老年人在劳

---

① 马娟. 现代老年人智力的衰退与发展——关于卡特尔晶体智力-液体智力理论的质疑 [J]. 心理学探新，2004（1）：54-58.
② 陈天勇，韩布新，王金凤. 工作记忆年老化研究进展 [J]. 心理科学，2003（1）：127-131.

动力市场的就业选择过程中，一般会选择以前熟悉的行业。老年人通过以前几十年工作经验的积累，掌握着娴熟的工作技能，企业和社会进行人力资源开发的成本较低。其次，老年人在工作过程中积累了丰富的人脉关系，这是企业发展的重要社会资本。最后，老年人的工作经验、人脉关系，也可以通过传帮带的形式传递给年轻人，提升企业人力资源队伍的整体实力。很多高科技企业以及许多国有企业，都需要大量的高端人才，而我国高级人才的退休高潮又会使我国科教力量出现断层，高素质人才总量缺口较大、高级专业技术人才严重匮乏等问题会更加严重，因此开发老年人力资源显得更加紧迫。①

1.3 老年人力资源开发的可行性

1.3.1 主观方面

1. 低龄老年人整体健康状况较为良好

根据退休制度要求，他们离开自己的工作岗位，但是他们渴望得到社会的认可，希望可以继续为社会做出贡献，实现自己的人生价值。从我国老年人口结构来看，老年人口中，低龄老年人的比例较高，高龄老年人的比例增长较快。但由于我国人口基数较大，因此低龄老年人口的数目还是十分可观的。作为巨大的潜在劳动力资源，老年人力资源如果不开发利用，对经济是很大的损失。老年人的收入会刺激老年产业的发展，成为经济的推力，也有助于减轻家庭和社会对老年人赡养的负担。而随着我国医疗条件的逐步提高，低龄老年人中的大部分人健康状况较好，身体方面具备继续工作的条件。②根据2010年第六次全国人口普查汇总数据统计分析，60～64岁的老年人口中，有93.2%的人健康或者基本健康，65～69岁的老年人口中，有88.2%的人健康或者基本健康（见表1-4）。

---

① 胡绍英，张丽琍，张坤. 北京市老年人力资源开发的必要性研究 [J]. 劳动保障世界，2009（12）：5-6.
② 郑爱文. 基于异质性视角的低龄高智老年人力资源开发利用探析 [J]. 北方民族大学学报（哲学社会科学版），2019（4）：128-134.

表1-4

2010年中国老年人口性别、年龄、健康状况

年龄(岁)	健康老年人口所占比例(%)			基本健康老年人口所占比例(%)			不健康但生活能自理老年人口所占比例(%)			不健康且生活不能自理老年人口所占比例(%)		
	小计	男	女	小计	男	女	小计	男	女	小计	男	女
合计	43.9	48.2	39.6	39.3	36.9	41.6	13.9	12.4	15.4	2.9	2.5	3.4
60~64	60.8	64.7	56.8	32.4	29.0	35.7	6.0	5.4	6.6	0.9	0.9	0.9
65~69	48.4	52.8	43.9	39.8	36.4	43.1	10.4	9.3	11.5	1.5	1.5	1.5
70~74	35.3	38.7	31.8	45.2	43.2	47.2	16.8	15.5	18.2	2.7	2.6	2.8
75~79	28.0	30.7	25.3	45.8	44.6	46.6	21.9	20.4	23.4	4.3	4.0	4.6
80~84	20.7	22.7	18.7	43.0	43.8	42.6	28.5	26.5	30.0	8.0	7.0	8.7
85~89	16.9	18.8	15.8	39.5	41.0	38.6	30.9	29.5	31.8	12.7	10.7	13.8
90~94	13.9	15.5	13.0	34.1	36.5	33.1	31.0	30.6	31.2	21.0	17.4	22.7
95~99	14.2	17.5	12.8	31.4	34.5	30.1	28.4	27.7	28.7	26.0	20.3	28.4
100+	12.7	17.7	11.1	30.8	29.8	31.1	27.3	30.2	30.2	29.2	22.3	31.4

资料来源：根据2010年第六次全国人口普查数据计算而来。

2.大多数老年劳动力具有积极参与社会活动的愿望

随着社会的飞速发展，经济发展水平已经让大部分人温饱无忧，身体不需要忍饥挨饿，但是老年人突然退休无业，儿女长大不在身边，高楼大厦阻隔了邻里关系。"老年孤独"已经成为当代老年人的常态，老年人的心事无处倾诉，忧愁无处排遣，他们的精神处于亚健康状态，抑郁症、自闭倾向等精神问题层出不穷。[①]他们作为社会人，也同样不希望和社会隔离，希望积极参与到社会活动和工作中去，使得自己更高层次的社会需要、尊重需要和自我实现需要得到满足。有些老年人原本身体健康、生活有规律，突然从工作岗位上退休后，感到自己不被社会需要了，如果不能较快找到新的投放自己注意力和精力的地方，往往会有失落和无所适从的感觉，精神和身体状况反而大不如前。老年人力资源开发不只是单纯地产生经济效益，也是为了让老年人生活得更加积极、更加幸福，培养老年人的积极品质。老年人退休之后，孤独寂寞是常态。老年人力资源开发可以缓解这种状况，为老年人提供机会，或者就业，或者参与各项活动，让他们忙碌起来，生活充实起来，自然就不会感觉孤独了。

3.老年劳动力经验技术方面的优势

从人力资本的角度看，劳动力参与社会劳动时间越长，带来的社会效益和经济效益越高，有些高端人力资源在五六十岁才趋于成熟，过早退休会对人力资本尤其是其中的智力资源造成巨大浪费。在人均寿命延长、老龄人口不断增加的情况下，要减少人力资本的浪费，必须发挥老年人口尤其是低龄老年人的人力资本优势。刚退休的老年人在知识能力及素质方面经过多年的积累沉淀，技艺娴熟，阅历丰富，沟通与交际能力强，人脉资源丰富，在性格和心智方面较为沉稳，流动性较小，更易于管理，不需要花更多的培训成本，能够形成自己独有的优势。据统计，目前在24个西方国家中规定65岁和67岁退休的国家占80%。如丹麦的法定退休年龄是67岁，美国男女雇员的退休年龄现均为65岁，他们计划到2027年提高到67岁。另外，我国老年人口总就业率不仅低于

---

① 李光，李红霞. 积极老龄化视域下老年人力资源开发的策略 [J]. 中国成人教育，2020（8）：8-11.

日本等发达国家，也低于印度等发展中国家。

"人老珠黄"不值钱，事实并非如此。"夕阳无限好"，老人有老人的优势。一些专家甚至认为"变老"意味着"变好"。唐诗中不是说"霜叶红于二月花"吗？那么变老有什么好处呢？虽然老年人的体力和精力无法与中青年人相比，但他们经历了青少年的学习和知识积累时期，以及中青年的实践和知识深化阶段。在思想最成熟、知识最渊博、经验最丰富的时期，人的身体老化与思维老化是不同步的，虽然年龄增长了，但智力不会被摧毁。他们还有很多方法来积累更多知识。高尔基曾经说过："每一个老人的去世，都等于抛弃了一个知识库。"在我国，"老姜热"是用来形容老年人丰富的经验。老年人在知识、经验和智力等方面的优势是一般青壮年人无法比拟的。

1.3.2 客观方面

1.老年人力资源开发的政策法律保障

1996年10月1日起施行，并于2018年12月29日修正的《中华人民共和国老年人权益保障法》第4条规定："国家和社会应当采取措施，健全保障老年人权益的各项制度，逐步改善保障老年人生活、健康、安全以及参与社会发展的条件，实现老有所养、老有所医、老有所为、老有所学、老有所乐。"第69条规定："国家为老年人参与社会发展创造条件。"第71条规定："老年人有继续受教育的权利。国家发展老年教育，把老年教育纳入终身教育体系，鼓励社会办好各类老年学校。各级人民政府对老年教育应当加强领导，统一规划，加大投入。"第66条规定："国家和社会应当重视、珍惜老年人的知识、技能、经验和优良品德，发挥老年人的专长和作用，保障老年人参与经济、政治、文化和社会生活。"这些规定都是对老年人积极进行社会参与的肯定与保护，对老年人力资源开发提供了法律保障。

2.老年人力资源开发的就业方向保障

老年人就业有许多方向可以选择。根据个人的知识、文化、能力不同，老年人可以选择不同的岗位就业，这些就业方向包括以下几个方面：第一，教育与文化。一些退休的老教授、艺术家可以选择这个方向。他们学识渊博、技艺精湛，有的老艺术家甚至是某项传统技艺的传承人，社会需要这些优秀的人才重返自己的领域，把自己的知识和技能传授给下一代，让知识和文化延续下去。第二，顾问和咨询。老年人具有丰富的阅历和经验，适合选择这个方向就业。他们从业时间长，长期的职业锻炼让他们对自己的行业有了透彻的认知，可以为咨询者提供最中肯的建议。第三，基础类的服务行业。这些服务业技术含量低，劳动强度不高，适合没有优势技能且身体不断退化的老年人选择这个方向就业。政府对老年人力资源的开发高度支持，为退休老年人再次走上工作岗位提供适宜的条件。比如，2003年全国老龄委倡导并组织了"银龄行动"，积极组织东部地区的退休老人支援西部地区，为老年工作者重新找到工作提供了一个光明的舞台，一个实现人生价值的平台。①

3.老年人力资源开发的资源供应保障

首先是充足的受教育资源保障。我国老年人口总量多，调查显示，中国已成为世界上老年人口总量最多的国家。据预测，到2025年老年人口将突破3亿。在老年人口中，对低龄老年人（60~69岁）更适合进行人力资源再开发，他们大多身体还比较硬朗，思维也比较灵活敏捷，对于自己擅长的领域内的事务完全能够胜任。而且身心健康的人一般就业愿望也会更加强烈，这样的老年人是进行人力资源开发的巨大潜力股。②其次是教师资源保障。老年人力资源开发的师资队伍可以由这几部分构成：高等院校的教师、企事业单位的专家、社区学院的专职教师、实践经验丰富的志愿者。这为老年人力资源开发提供了师资保障。最后是教育机构保障。我国目前有许多社区学校、老年大学、开放大学（广播电视大学）等教育机构，都可以保障老年人力资源开发活动的正常进行。③

老年人力资源开发可以创造更大的社会效益。从一定意义上讲，老年人通过长期的工作及一些生活经验的积累，在某些工作岗位上具有显

---

① 赵丽清. 中国老龄化背景下城镇老年人力资源开发研究 [D]. 天津：天津财经大学，2016.
② 陈思艺. 人口老龄化背景下我国老年人力资源开发的探究 [J]. 时代金融，2016（2）.
③ 李光，李红霞. 积极老龄化视域下老年人力资源开发的策略 [J]. 中国成人教育，2020（8）：8-11.

而易见的优势，用人单位做决定时会优先选择技术娴熟的老年人。由于老年人从事原有工作踏实稳定，这将为企业创造许多无形的收入，同时可以减轻儿女的养老负担，也有利于社会环境的稳定，在一定程度上会促进国民经济水平的提高。

1.4 国内外研究动态

1.4.1 国外研究动态

1.人口老龄化相关研究①

1982年，在维也纳召开的首届老龄问题世界大会上，首次提出了"老龄化"概念（刘帆，2013）。法国人口学家阿尔弗雷德·索维为法国进行了人口预测，这是其对人口学的第一次技术性贡献。在其著作《人口通论》中，索维指出"我们可提前预测人口老龄化进程"（索维，1982）。波兰学者爱德华·罗赛特首次提出了人口老龄化的判断标准为：60岁以上人口占比超过12%（邬沧萍，1999）。Bloom（1997）对人口老龄化过程做出了新定义，他认为人口老龄化是在生育率降低、儿童人口下降过程中人口年龄中位数拉升的过程。Peterson（1999）认为人口老龄化会从多个方面对经济产生负面影响，如医疗服务负担增加，社会抚养比增加，社会储蓄率下降，社会保障支出加大等。Peter Broer（2001）在分析荷兰人口老龄化问题的过程中，指出人口老龄化为社会保障体系带来隐患，现有的经济平稳发展是在透支了未来人口福利的基础上形成的。Willi Leibfritz（2008）根据投入产出理论，指出人口老龄化会从降低劳动供给和降低人均GDP两个方面减少社会总产出。

2.退休政策相关研究

国外学者从多方面对延迟退休的必要性给出了解释。Peter Alders（1999）构建了一个人力资本存量与退休年龄之间的模型，最终得出个人技能水平以及在用人单位工作年限共同决定了一个劳动者的工作总年

---

① 梁淑雯. 渐进式延迟退休背景下城镇低龄老年人力资源开发研究［D］. 咸阳：西北农林科技大学，2018.

限的结论。他认为应该设定弹性退休年龄从而增加人力资本存量。Samwick（1998）对养老金计划对退休的影响进行分析后，认为可通过推迟退休年龄来平衡养老金计划。Fenge（2004）等的研究也指出，延迟退休在降低养老金的计划平衡中具有很大的实践意义。Steinmeier（2007）提到如今人口预期寿命延长，导致领取养老金的人群比重增加，为缓解这一问题需要延长法定退休年龄。Adriaan Kalwj（2009）认为，所谓延迟退休年龄而导致的"挤出效应"，指的是在工作总量一定的情况下，老年人会替代年轻人在工作上的位置从而影响后者的就业情况，但经过分析他得出的结论是，无法证明老年劳动力是青壮年劳动力的替代品。目前美国已经通过法律条文明令禁止任何企业在就业上歧视老年人，并且取消了强制退休政策，严禁任何企业强制70岁以下员工退休（赵栖梧，2017）。

3. 老年人力资源开发相关研究

2005年，日本川崎二郎发表演讲时提到，日本正在努力使日本70岁老年人口仍然愿意贡献余力。作为全球老龄化最严重的发达国家，促进老年群体就业有利于日本劳动力的补充（李洁，2015）。为提升老年人的技能水平，日本政府设立了中央职业能力开发协会，为老年人提供就业技能培训场所，与此同时民间团体也设立了一系列为老年人提供职业培训的课程（宋强和祁岩，2013）。Stephan Brunow（2006）在对欧盟国家人口老龄化现状的研究中指出，不同年龄段人群对经济的贡献量有所不同，50～65岁年龄段的人群在经济发展过程中起着极其重要的作用。Paola Profet（2002）在对亚欧美三种不同文化体系的老龄化研究后提出，只有设置合理的薪酬体系才能增强老年人再就业意愿。Hans G.S.（2007）提出政府应该积极为老年人推荐就业机会，提高老年人再就业成功率，促进老年人口的新职业发展。Rose（2011）指出，现代老年人具有新的活力，即使年龄增长依然具有社会参与意愿，所以政府应该调动老年人的积极性，并将这种调动形成一种统一的文化。

1.4.2　国内研究动态

随着科学技术和医疗卫生事业的进步，我国人口平均寿命不断延长，再加上计划生育政策的影响，以及与现代社会发展相伴随的人们婚育观念的变化，近年来，我国老年抚养比和青少年抚养比失衡，人口老龄化问题突出，我国关于老年人力资源开发的研究得到不断深入和拓展。

自1996年至2020年，我国老年人力资源开发研究发生了诸多变化，其主要表现包括：不管是期刊论文、会议论文还是硕博士论文，其数量都在逐年增长；在研究话语上，从最初的老年人才资源开发扩展到老年人力资源开发；在学科视角上，从社会老年学逐步扩展到人口学、经济学、教育学、心理学、社会学、政治学和管理学等多维学科；在研究区域上，从早期的东中部发达地区扩展到西部二、三线城市等。

从研究背景来看，近年来，我国老年人力资源开发研究主要是基于人口老龄化的现实压力而展开。现代社会的转型、社会经济的快速发展以及计划生育政策的实施，导致我国人口年龄结构发生了巨大变化。数据显示：截至2019年年底，我国16～59周岁的劳动年龄人口为89 640万人，占总人口的64.0%；60周岁及以上人口为25 388万人，占总人口的18.1%，65周岁及以上人口为17 603万人，占总人口的12.6%。[①]人口老龄化带来了养老费用增加、劳动力减少等一系列问题，老年人力资源开发是应对以上问题的有效措施之一。我国的老年人力资源开发研究由此兴起。

习近平总书记也多次在中央政治局集体学习时提出一揽子方针政策，并在"十三五"规划中做出周密安排。于2018年12月29日修正的《中华人民共和国老年人权益保障法》顺利实施，各级政府和各级老龄工作部门出台了300余项配套政策措施，社会各界积极行动，老龄事业迎来大发展大繁荣的新格局，标志着中国特色社会主义事业的老龄工作迈入新时代。

1.老年人力资源开发的主体

丁盼盼（2012）认为：老年人力资源开发应该以社会组织为主体，以公益活动为主要形式，以服务社会为目的；各种老年协会、老年科技

---

① 国家统计局. 中华人民共和国2019年国民经济和社会发展统计公报［EB/OL］.（2020-02-28）. http://www.stats.gov.cn/tjsj/zxfb/202002/t20200228_1728913.html.

协会、慈善会以及红十字会等，都可以成为老年人再次参与社会活动的主要渠道。李冬生（2007）认为，老年人力资源开发就是对社会各阶层、各类型老年人进行智力开发，以推动社会生产力的不断发展。陈月珺（2011）认为，老年人力资源开发就是以政府为主导，对年龄在60岁以上的老年人通过教育、培训和管理等方法进行各方面的潜力开发和能力提升，使其实现全面发展。

学界关于老年人力资源开发主体的论述之共同点是：认为老年人力资源开发的主体包括政府和社会组织，其中以政府为主导。实际上，老年人力资源开发中的主体应包括政府、社会组织以及老年人自身，三者相互促进，缺一不可：政府在充分了解实际情况的基础上，制定相关政策和法律法规，完善老年人力资源开发的体制机制；社会组织可以发挥自身优势，弥补政府管理的不足；老年人自身为提升晚年生活质量，需要不断加强自身素质和能力，积极参与社会活动，维护自身权益，实现自我价值。

2.老年人力资源开发的客体

关于老年人力资源开发的客体，我国学者主要以年龄为划分标准。万克德（1997）认为，老年人力资源开发的客体是年龄在60岁以上的具有劳动竞争力的全部人口。王莉等（2010）认为，老年人力资源是指社会和经济发展中所需要的年龄在60周岁以上并具有一定劳动能力的人口，其包括两个方面的要素：一是年龄在60周岁以上，二是具有社会所需要的劳动能力。综上可知，老年人力资源开发的客体主要是60岁及以上、具有劳动能力，并且有社会参与意愿的老年人。

3.老年人力资源开发的方式

王莉等（2010）认为，老年人力资源开发是指通过让老年人参加培训等方式，实现一定的管理目标和发展战略。金易（2012）认为，要合理有序地进行老年人力资源开发与管理，政府就必须建立老年人力资源信息网络和开发系统。刘情等（2014）认为，政府应该为低龄老年人参与社区活动提供相关政策支持，在此基础上加大对社区建设的投资，提高老年人对参与社区事务的认识水平，促进老年人参与社区发展和建设。梁誉（2011）指出，老年人为实现自身社会价值，应该与时俱进，积极学习新兴科学技术，促进知识更新换代，跟上时代发展步伐。余涵烟（2012）认为，各个地区的政府和非政府组织应该尽可能地为老年人的教育培训和知识更新换代提供条件，同时充分发挥老年教育对老年人自我完善和能力提升的重要作用。

综上所述，老年人力资源开发的主要方式包括：在政策的指导下，通过教育培训、老年教育等方式，依托老年大学和社区，提高老年人对参与社会发展的认识水平。通过老年人再就业、引导老年人参与社区事务，以及通过老年教育等方式，促进老年人力资源开发，缓解人口老龄化所带来的劳动力短缺和社会养老负担加重等问题。

4.老年人力资源开发的价值和意义

开发老年人力资源，有利于老年人实现自我价值，也有利于促进我国社会经济的可持续发展。以往文献关于老年人力资源开发的价值和意义的研究结论主要体现在以下几个方面。

一是增进社会效益，促进国民经济可持续发展。熊斌（2004）在研究我国老年人力资源特点的基础上指出，开发老年人力资源可以缓解我国目前的人才结构性短缺，从而实现较好的经济效益。赵飞（2004）认为，老年人力资源开发有利于缩减投资成本，扩大生产消费，创造经济价值，减少人口老龄化对经济发展的负面影响；并基于由北京宣武医院承担的联合国人口基金 P23 项目"北京老龄化多维纵向研究"数据的研究结果——1994—1999 年，北京市 60 岁以上老年人的再就业率从 17.1% 上升到 35.9%，说明老年人力资源开发的经济价值。刘情等（2014）认为，老年人身上具有年轻劳动者所缺少的，经多年积累而形成的知识、技能和经验等优势，对低龄老年人力资源进行再次开发和利用，可以增进社会效益。我国虽然人口众多，但相对而言人才资源匮乏。对于那些刚退休不久、身体健康的各领域专家而言，开发他们的人力资源价值，不仅可以使他们继续发挥余热，也可使整个社会获得裨益。

二是减轻家庭负担，促进代际和谐，营造健康、安全、和谐的社会环境。赵飞（2004）从家庭和代际关系、社会道德、伦理秩序健康发展和老年人精神需求满足等方面，论述了老年人力资源开发的价值和作用。刘情等（2014）认为，在我国实施计划生育政策的背景下，家庭模式的转变造成了成年人巨大的养老负担，社会所承担的老年抚养比不断增加，社会负担加重。老年人力资源开发有利于老年人发挥特长，也有利于通过创造更多的社会财富从而减轻家庭和社会的养老负担。从代际关系来说，针对当代人在经济活动中存在的问题，各国的经济学家一直认为，代际均衡发展是实现社会可持续发展的重要方面。社会财富的增加和社会抚养负担的减轻，有利于实现代际财富均衡，缓解代际矛盾，从而营造健康、安全、和谐的社会环境。

三是提升老年人幸福感。老年人顺利实现身份转型和角色转变，可以缓解其退休之后的心理落差以及郁闷和寂寞等不良情绪，促进身心健康发展。姜向群（2001）认为，身心健康的老年人是老龄社会的主体力量；并基于1987—1989年间诺贝尔奖获得者的研究数据，说明老年人适当参与社会活动，可以激发潜能，增强适应社会的能力，更好地实现自我价值。董之鹰（2006）将老年人的幸福感与其社会角色转换联系起来，认为顺利完成角色转换有利于老年人实现自己的老年价值，获得幸福感，并认为老年人可以和其他年龄人口共享社会经济发展成果，通过角色转变，追求和实现自己的终身价值。刘情等（2014）从老年人退休后的生活、心理和所处的社会地位出发，论述了老年人力资源开发对于缓解老年人退休后所面临的精神压力的作用。章义等（2017）从老年人主动参与社会以及追求高品质的物质和精神生活出发，列举了老年人参与社会的利益所在，并用相关数据证明了老年人力资源开发能够有效提升老年人的生活品质。

第2章　老年人力资源开发研究相关概念

2.1　人口老龄化及相关概念

　　老龄化的意思是什么？老龄化是指时间的不断变化会导致我们的年龄也不断增长，就是增加年龄之意。但是在一定程度上，老年人也分个体和群体两个不同的方面，由此老龄化这个概念又是一个相对的意思，没有绝对的表述。个体指的是我们每个人，即单个人都会经历慢慢变老，换言之就是我们每个人都会经历一个单向的旅行，没有可以重来的机会，这就是从出生到死亡；群体指的是团体中的所有人，其平均年龄的不断变化，受限于人口年龄结构，因为人口年龄结构的老化程度在一定意义上会产生一定的影响。①

　　人口老龄化，顾名思义，就是在总人口中因年轻人口数量减少、老年人口不断增长而导致的老年人口比例相应增长的动态。这种状况的产

---

　　① 　人口年龄结构：指一定地区、一定时点各个年龄组人口在总人口中所占的比重，常用百分比表示，常见的分组情况是分为三个组，即0~14岁的少年儿童人口组、15~64岁的劳动年龄人口组（或生产年龄人口组）及65岁以上的老年人口组。

生会使年龄结构失衡，甚至会促使一个国家或地区的群体年龄结构逐渐向高龄化倾斜。

老年人口比重一般指在一个国家或地区总人口中60岁或65岁以上老年人的比重；老年人口比重还有一种叫法就是老年系数，在评价老龄化的程度方面，这种系数指标非常重要，占主要地位。衡量老龄化国家的具体指标在国际上有明确的标注：65岁及以上的人口在这个国家中的比重占到7%，就被称为人口老龄化国家。数据显示，中国、美国、日本等国都是老龄化国家。

老龄化是现代社会普遍关注的热点话题，那么必然会用一个指标对其进行评价，即人口老年化系数，运用系数对老龄化进行进一步的确认与肯定。在这个过程中又有一个常用的系数，叫作老化系数或老人儿童比率，指某一特定人口中老年及少儿人口之间的比值，这其中并未涉及青壮年劳动力，因此这种衡量方式具有一定的权威性。

老年人口抚养比，顾名思义，就是抚养老人的比重。这个比重的具体算法是什么呢，其实很简单，有关部门统计得出，抚养比主要包含两个系数，第一个是人口老龄化的标准，即65岁及以上人口数量，第二个是16~64岁的人口数量。这就是老年人与青壮年劳动力的比重，这个比重越大意味着年轻劳动力的抚养压力越大。这个指标也有其利弊，有利的一面是算法简便快捷；不利的一面是算法过于简单，因此在针对一些比较难的、复杂的情形时，得出的结果不那么准确。举例来说，一些老年人虽然过了65岁，但其依然有能力照顾自己，而一些年轻人却没有能力照顾自己而是靠老年人来抚养，如"啃老族"。即使这种计算方法存在一定的不足之处，但人口数量多的时候，这些误差一般可以忽略不计。

2.1.1 老年人口、少儿人口、劳动人口

研究老龄化，需知何为老年人。老年人指的是等于或者大于老年年龄界限的人。这里的关键就是对"老年年龄"的确定。在其确定方式上，不同的学科、不同的门类有不同的观点。整体上，被大家所公认的包括以下四种确定方式：

1.日历年龄

日历年龄是指按照人的出生年月计算的年龄，这是纯粹按时间的推移来计算的。它是指一个人的生命里程、生命延续的年代。一般而言，研究人口年龄结构和人口年龄变化都是指日历年龄。日历年龄不受人的生活经历、生活条件等的制约和影响，它是随时间的推移而增加的。

2.生理年龄

生理年龄亦称"生物年龄"，泛指人达到某一时序年龄时生理和其功能所反映出来的状态，即与一定时序年龄相对应的生理及其功能的表现程度。生理年龄可划分为几个不同的时期：生长发育期（从出生到19岁）、成熟期（20～39岁）、衰老前期（40～59岁），通过观察他的器官损耗情况来进行判断，器官损耗越严重，年龄越大。这种年龄判断方法有很大的差异性和特殊性，因为每个人的生活环境、生活习惯、运动情况都不相同，因此其损耗程度也不尽相同。生理年龄主要用血压、视觉、听觉等多项生理指标来测量确定。60岁以上的人被称为生理年龄的老年人。

3.心理年龄

心理年龄同生理年龄一样具有较大的差异性和特殊性，每个人的性格、脾气秉性、所受的教育不同，因此各自具有不同的特点与个性，处理问题时的态度也不尽相同，这样导致每个人的心理年龄也都不同。另外，现在很多老人注意保养，坚持锻炼，其心理年龄有可能小于他们的日历年龄。

4.社会年龄

社会年龄就是我们平常所说的是否成熟，一个人在社会上闯荡，其工作、生活所经历的方方面面都对他的年龄状态产生影响，一般而言，这个年龄概念比前几个都要抽象。

由于后三种年龄因人而异，难以测量，故为了统计上的方便，国际上划分老年的标准普遍采用日历年龄。我们在文献中所用到的"老年"其实是"老龄"的意思。当然，对于老年人划分的依据是随着医疗的进步和人们预期寿命的延长而发生变化的，联合国人口司在1956年，将

65岁及以上人口占比为7%的国家或地区归为老龄社会或者老龄地区。而1982年，鉴于发展中国家人口老龄化现象接踵而至，世界老龄问题大会又根据发展中国家的具体国情把老年人的年龄起点下调为60岁，老龄化或老年型人口结构以60岁以上的人口占总人口比重的10%为界定标准。

本书在研究中国人口老龄化问题时，将老年人口界定为65岁及以上人口。之所以选择65岁为界限，是因为现阶段随着中国经济的发展，医疗技术水平有了很大的提高，中国人的预期寿命大大延长，尽管中国的退休年龄目前仍是男60岁、女55岁，但是延长退休年龄的呼声已经越来越高，所以仍以60岁为老年人口界定标准的话就意味着没有用与时俱进的眼光来看问题。还有，目前许多刚刚退休的人口大多都继续从事生产性质的活动，这里包括帮子女带孩子，从某种程度看，这也是为了社会更大的产出，所以刚从工作岗位上退下来的人口作为纯消费人口的毕竟为少数，故本书将65岁界定为老年人口与劳动力人口的分界点。

另外，不同的时期、不同的国家和地区，对少儿人口的界定不同，国际上通行的标准是以15岁为未成年人界限，所以少儿人口即未成年人口，指的是0～14岁的人口；在确定了少儿人口以及老年人口的年龄界限后，劳动人口即成年人口的年龄界限就很好确定了，为15～64岁。

2.1.2 不同的人口年龄结构

不同的时期有着不同的人口年龄划分标准，不同国家的划分标准也不同，具体有三种表述方法较为流行。

第一种是联合国在1956年的划分方式（见表2-1），这主要是针对西方国家的老龄化日益加重的问题，越来越多的发达国家逐渐走向人口老龄化，在世界上引起很大的担忧与议论。

第二种是美国在1975年提出的对人口年龄结构类型的划分方式（见表2-2）。

表2-1　　　　　　　　1956年联合国人口年龄结构类型

65 岁及以上老年人口占总人口的比例	年轻型	成年型	老年型
	4% 以下	4%~7%	7% 以上

表2-2　　　　　1975年美国人口调查局人口年龄结构类型

年龄结构类型	年轻型	成年型	老年型
0~14 岁人口	40% 以上	30%~40%	30% 以下
65 岁及以上人口	5% 以下	5%~10%	10% 以上
老少比	15% 以下	15%~30%	30% 以上
年龄中位数	20 岁以下	20~30 岁	30 岁以上

　　发展中国家的人口老龄化问题有着不同的原因和问题，甚至每个国家都不尽相同，因此为了表述更具权威性，更有说服力，联合国在1982年就老龄化问题展开研究，将发展中国家与发达国家进行对比，产生了一种新的划分方式（第三种方式）（见表2-3）。

表2-3　　　　　　1982年联合国"老龄问题世界大会"
后各国采用的人口年龄结构类型

60 岁及以上老年人口占总人口的比例	年轻型	成年型	老年型
	5% 以下	5%~10%	10% 以上

　　不过，这些也都不是一成不变的，随着医疗卫生水平的提高、经济的发展和科技的进步，相信在未来，人口年龄结构也会有更多更细的划分方法，结构层次的划分也会变得更加科学、细致。

2.1.3　老龄化问题

　　老年人的受文化程度、身心健康程度、家庭经济情况都会对老年人产生一定的影响，随之也会产生一系列的老龄化问题。老龄化问题严重的国家，其经济很有可能被拉慢进度，比如老年人就业意识薄弱，部分老年人会认为退休了就该享受人生，经济主要靠年轻人创造。从现有的发展趋势来看，不管是发达国家还是发展中国家，少儿人口、劳动人口的比重在不断降低，老年人口比重不断提高，社会上对于老龄化问题的关注不仅仅局限于人口数量的变化，还有环境问题、国家政策、全球形势等这些深层次问题。

2.2 老年人力资源开发相关概念

2.2.1 人力资源

"人力资源"从字面意思可知，其由两个词，即"人力""资源"构成。"人力"包括人的体力、智力和技能，具体指的是人所具有的脑力和体力的总和，这一解释出自《辞海》；"资源"即"资财之源"，是社会财富创造的源泉。可见，人力资源本质上是把人力当成资源来看待，社会生产即被认为是人力以及物力的结合，人通过发挥自己的能力为社会做贡献，这点和物质类的资源没有区别，这表明一般资源所具有的属性也是人力所具有的。通常，对人力资源进行研究，大多从宏观和微观两方面进行，宏观角度的研究属于经济学的范畴，涉及人力资源在一定时期的存在情况、开发情况及利用情况；而微观角度的探讨主要属于管理学范畴，一般针对的是企业，主要研究组织内部对人力资源的开发、利用及管理等情况。①

1.关于人力资源的诸多释义

现阶段，对人力资源进行解释的观点不少，但最具有代表性的有如下三种：

第一种观点认为：只要年龄满16岁且具备一定劳动能力的人口都被认为是人力资源，即人力等同于劳动力，而劳动力又等同于劳动者；

第二种观点认为：目前所有的正在从事劳动的劳动者就是人力资源；

第三种观点认为：所有投入到生产过程中的脑力、体力以及心力等的合称就是人力资源，即劳动者综合素质发挥的一个过程。

如果从广义和狭义角度来理解人力资源开发，那么广义的人力资

---

① 金易. 人口老龄化背景下中国老年人力资源开发研究 [D]. 长春：吉林大学，2012：27.

源，是与一定的经济社会发展水平相吻合的、现实的、经过开发就可使用的寓于人体中的一种劳动力，具体来说指的是特定时期内，所有人口中可待开发的（纯消费人口除外）、存在于现实中的一切综合素质（如体力、智力、心力等）的总和；从狭义方面来看，人力资源指的是一定时期内适龄劳动人口所具有的各种能力的合称（如技能、体力和智力等），也就是特指现实劳动力。①

本书中所提到人力资源是指在整个社会和经济的发展过程中，所有具备劳动能力的人口的总称，属于广义人力资源，既包括符合年龄的劳动人口，也指未到劳动年龄和超过劳动年龄但是仍具有劳动能力的人口总和。这意味着，人力资源的含义，与是否在业、是否在劳动年龄范围内没有必然联系，所以，退休后仍然健康的，且具有劳动意愿和劳动能力的老年人口也属于人力资源。

2.相关的概念

与人力资源相关或相近的概念还有三种：人口资源、劳动力资源以及人才资源，研究这三种资源有利于我们更加深刻地理解人力资源的相关内涵。

人口资源是人口在数量和规模上的体现，作为人力资源的基础，它涵盖的是某个国家或地区所有的人口数量，即少儿人口、老年人口和劳动人口都包括在内，因此它体现的仅仅是数量方面的一个定义；而人力资源是人口资源中具有体力、智力和技能的部分，即人力资源是人口资源中的一部分。

劳动力资源仅仅包括人口资源中的劳动力人口，即必须是符合劳动法定年龄且具备劳动能力的这部分人口，只有同时符合这两个条件，才算是劳动力资源，与人力资源狭义的定义等同。可见，其也是一个数量方面的概念。人力资源与其相比，在强调数量的同时，更强调的是质量，即对单纯的劳动力进行培训等，使其成为具备更高生产能力的劳动力，从某个角度看有点人力资本的影子在里边。

人才资源强调的是人力资源"质"的方面，而不再强调"量"的方

---

① 李继樊，罗仕聪. 人力经济学——兼论经济全球化与中国人才战略［M］. 北京：中国经济出版社，2005：224.

面，指的是一个国家或地区内，经过专业训练，有较强科研能力、创造能力以及管理能力或者具有特殊专长的，从事某一特定领域工作的那部分人口的总称。可见，人力资源中优秀的、高质量的、具有极高人力资本含量的那部分人口，即人才资源；反过来，衡量某一个国家或地区人力资源的质量高低，看的就是其人才资源的多寡。

可见，这四种资源的侧重点不同，按数量由多到少或者质量由低到高，分别是人口资源、人力资源、劳动力资源以及人才资源，也反映了它们之间从数量和范围上依次的包含关系。从中国现状来看，人口资源、人力资源以及劳动力资源数量居世界首位，资源十分丰富，但是人才资源却相对短缺。所以，我们应采取适当、积极的措施，使中国丰富的人力资源转换为充足的人才资源。

2.2.2　人力资本

1.人力资本的概念

人力资本是指通过教育、培训、保健、劳动力迁移、就业信息等获得的凝结在劳动者身上的技能、学识、健康状况和水平的总和。[①]资本是可以带来剩余价值的价值，是价值增值的基础，资本可以在投资活动中为投资者带来收益。资本范畴体现了一种用产品生产产品的关系，人们不断地将可支配资源的一部分从消费用途上节省下来，进行投资，以生产更多的消费品。人的能力的改善与提高过程和物质资本的投资和生产过程具有相似之处，即人的能力的形成和发展主要是后天学习和实践过程的结果，这个过程需要消耗资源，也就是人们把当前可用于消费的一部分资源拿出来用于提高其智力、体力以及其他各方面素质的投资活动，从而可以获得更好的收益。故我们可以将资本的概念应用于人，将人或者人的能力称为"人力资本"。[②]人力资本不同于物质资本，是一种通过长时间投资形成的、无形的、凝结在人身上的资本，是凝结在劳动者身上的知识、技能和健康等资本，是人力资源质的方面，从某种意义上讲人力资源是劳动力资源与人力资本的统一。

---

① Arthur O'Sullivan，Steven M.Sheffrin.Economics：Principles in action ［M］. New Jersey：Pearson Prentice Hall，2003：5.
② 张凤林. 人力资本理论及其应用研究 ［M］. 北京：商务印书馆，2006：61.

2.人力资源与人力资本的联系和区别[①]

人力资源与人力资本的联系主要体现在：

① 人力资源和人力资本都是以人为核心的概念，二者的研究对象都是人所具有的脑力和体力；

② 现代人力资源管理理论大多是以人力资本理论为根据的，人力资本理论是人力资源管理理论的重点内容；

③ 人力资本理论是人力资源经济活动及其收益的核算基础；

④ 人力资源与人力资本都是在研究人力作为生产要素在经济增长和经济发展中的重要作用时产生的。

人力资源与人力资本的区别主要有：

① 人力资本是由投资形成的，强调以某种代价获得的能力或技能的价值，投资的代价可在提高生产力过程中以更大的收益收回。因此劳动者将自己拥有的脑力和体力投入到生产过程中参与价值创造，就要据此来获取相应的劳动报酬和经济利益，它与社会价值的关系应当说是一种因果关系。而人力资源强调人力作为生产要素在生产过程中的生产、创造能力，它在生产过程中可以创造产品、创造财富，促进经济发展，它与社会价值的关系应当说是一种逆向因果关系。

② 人力资源区别于物质资源，它将人作为财富的来源来看待，是从投入产出的角度来研究人对经济发展的作用，关注的重点是产出问题，即人力资源对经济发展的贡献有多大，对经济发展的推动力有多强。而人力资本是通过投资形成的存在于人体中的价值凝结，是从成本收益的角度来研究人在经济增长中的作用。

③ 资源是存量的概念，而资本则兼有存量和流量的概念，人力资源和人力资本也同样如此。人力资源是指一定时间、一定空间内人所具有的对价值创造起贡献作用并且能够被组织所利用的体力和脑力的总和。而人力资本一方面表现为经验的不断积累、技能的不断增进、产出量的不断变化和体能的不断损耗，另一方面又表现为投入到教育培训、

① 金易. 人口老龄化背景下中国老年人力资源开发研究［D］. 长春：吉林大学，2012：32-33.

迁移和健康等方面的资本在人身上的凝结。

开发人力资源包括"开发"与"利用"两重含义，既是对潜在劳动力的塑造又是对既成劳动力的利用。开发人力资源是通过投资，利用教育和训练等方式，促进和诱使人本身潜在体力、脑力、知识和技能等形成、发展和提高，即促使潜在能力现实化的过程。①开发人力资源可以提高人力资源的质量，在当前科学技术日新月异的时代，没有高质量的人才就不可能有高度发展的生产力，人力资源质量的提高对整个社会经济起着一种基础性的支撑作用。人力资源若只开发而不利用，开发出的人力资源就会白白浪费，因而合理地利用既成人力资源同样重要。

2.2.3 老年人力资源

老年人力资源指的是尽管从年龄方面来看达到了老年人口的标准，但是从健康角度来看，仍具有健康的体魄，能够继续为社会和经济的发展贡献自己的力量的这部分人口，他们可以继续走上工作岗位，发挥自己的"老有所为"。

老年人力资源具有上文提到的人力资源的相关特征，因为它毕竟是人力资源的一部分，但其作为一个独特的群体，又具有自身的一些特征。第一，资本性。需要注意的是，老年人力资源所具有的资本性与青年人力资源所具有的资本性是不同的。青年人力资源所具有的资本性是年轻人身上的潜在能力，经过培训及开发等相关手段，这部分潜在能力是可以变为现实的。但是老年人力资源身上所具有的这部分能力，是在其长期的工作生活中积淀而成的，如其经验、技能以及经过长时间的生活磨炼所形成的各种品质。开发人力资源对于青年人而言，主要注重于"塑造"，而对于老年人而言，侧重点却是"利用"。第二，时间限制性。通过分析可知，一般的人力资源也具有时效性，这是人力资源区别于土地资源或资本资源的一项特征。需要注意的是老年人力资源和一般人力资源相比时效性更强，所以老年人力资源的开发应该及时，否则一旦老

---

① 赵秋成. 人力资源开发研究 ［M］. 大连：东北财经大学出版社，2001：22.

年人因身体原因不能继续工作，那么他所拥有的知识、技能、经验等将无用武之地，这对社会而言是巨大的损失。

2.2.4 人力资源开发

人力资源开发，是指通过各种途径（如教育、培训等），并以现代化的科学方式为载体，对人力资源进行塑造和利用的一个过程，从而实现一定的管理目标和发展战略，最终达到人尽其才、才尽其用、事得其人、人事相宜的目标。

2.2.5 老年人力资源开发

老年人力资源开发也是通过各种途径，如教育、培训、调度以及文化建设等，以现代化的科学方式对整个社会的不同类型的老年人力资源进行调动、利用以及发展的过程，充分利用老年人特有的优势，使其实现"老有所为"，最终达到人尽其才、才尽其用、事得其人、人事相宜的目标。

2.3 开发老年人力资源的理论依据①

2.3.1 人口转变理论

人口转变理论在西方国家较为盛行。其以西欧部分国家当时人口的转变为例进行研究，并对这些国家人口发展的不同阶段进行了阐述。20世纪90年代后，人口转变理论在发展中国家开始盛行起来，它注重的主要是死亡率及出生率等人口学内在因素的联系。

1.三阶段模型——兰德里

人口转变理论率先由法国学者兰德里在1934年出版的《人口革命》中提出，可以说，他就是该理论的初创人。他认为经济社会的不同发展阶段，人口死亡率及出生率的变化必然会导致自然增长率的变化，并提

---

① 赵丽清. 中国老龄化背景下城镇老年人力资源开发研究［D］. 天津：天津财经大学，2016：26-33.

出人口发展的三个不同阶段，即原始、中期以及现代阶段。

该理论主要依据的是西欧国家人口的变动，许多关于人口方面的统计资料都来源于法国，所以对于法国人口出生率及自然增长率不断减少的情况，该理论能给予更加符合实际的解释。

2.三类型、三阶段模型——汤普森

汤普森作为美国人口学研究方面具有代表性的人物，在对人口发展的研究过程中着眼于世界上所有的国家。他从不同死亡率及出生率的角度，把所有国家归为三种类型，而它们正好代表着三个不同的发展阶段。

第一阶段，即第一种类，主要以非洲、南美洲为代表，也包括亚洲的部分国家和地区。该阶段人口的发展水平一般具有高出生率和高死亡率的特点，并且很少受政府政策的限制。虽然部分国家和地区人口死亡率已出现下降的趋势，但因为出生率还很高，所以依然呈现出高自然增长率的特征，也就意味着人口数量呈现较快的增长水平。

第二阶段，即第二种类，主要以中欧各国、意大利及西班牙等国为代表。这一阶段呈现出了低死亡率和低出生率的特征。

第三阶段，即第三种类，主要以西欧国家为代表。这一阶段的显著特征是死亡率及出生率都出现了快速下降的趋势，并且后者下降速度快于前者。因此，这些国家和地区的人口数量都呈现出下降的特征。

该理论单纯地从人口因素变动角度分析人口的发展变化，其缺点在于没有考虑到人口发展变化的经济社会根源，未将二者很好地结合起来进行分析。

3.三类型、三阶段模型——诺特斯坦

该理论是由美国人口学家诺特斯坦于1945年在他的文章《人口——长远观点》中提出的。该理论的特点在于对人口阶段的阐述主要是从其条件和原因角度来进行说明。

第一阶段：主要指的是第一类地区，以亚洲、非洲以及拉丁美洲的部分国家和地区为代表。其典型特点就是高出生率及较高死亡率。在这些国家和地区人口的出生不受限制，且经济社会发展较慢，导致其医疗水平落后。所以，以出生率为标准，死亡率在其上下波动，该阶段处于典型的人口转变前期阶段，人口的增长有较高的潜力。

第二阶段：主要指的是第二类地区，以拉丁美洲的部分国家、日本及苏联为代表。这些国家的经济发展水平相对较高，所以其医疗水平相对较先进，使得其死亡率大幅下降，再加上伴随着经济的发展，人们生育观念的转变，出生率也出现了下降的趋势，但是前者下降速度快于后者，所以，从增速方面来看，人口增长较快，这个阶段处于人口转变中的增长阶段。

第三阶段：主要指的是第三类地区，以欧洲和大洋洲的大部分国家和地区以及美国为代表。这类地区有着先进的生产力水平和医疗水平，并且在生育方面思想开放，强调自我意识，因此其死亡率和出生率都处于很低的水平，并且在死亡率降低到一定的水平后会保持相对稳定，而在一定阶段出生率却一直下降，会导致出现人口老龄化的特征，处于人口转变的完成阶段。

20世纪50年代，诺特斯坦对该模型进行了修正，这点体现在《人口变动的经济问题》一书中，在原有理论基础上，加入了工业化发展的相关内容，相应地，该理论也调整为四阶段模型。

以当代观点来看待这三个典型的人口转变理论，其具有积极贡献，但是随着当今经济的全球化发展，理论上有的国家和地区已经不再属于当时提到的人口转变类型，这点我们运用相关理论时要引起注意。

2.3.2 人力资源理论

1.人力资源理论的思想渊源

"人力资源"一词最早由管理学家彼得·德鲁克于1954年在其《管理的实践》一书中提出，用来讨论管理员工及其工作的时间。需要注意的是，许多蕴含人力资源思想的观点却可以追溯到很久以前。早在古希腊时，柏拉图就指出，为了满足社会的各种需要，每个公民都需要不断学习，积累各种知识技能，通过接受教育以及训练，公民才能掌握必要的文化知识，再加上良好的品行以及健康的身体，方能成为国家的精英，从而更好地维护国家的秩序。①

古典经济学在17—18世纪突出体现了人力资源的思想。古典经济学创始人威廉·配第认为劳动生产率在国家积累财富方面发挥了关键作用，并且提出教育的普及、人才的选拔在经济发展中的重要意义。②"经济学之父"亚当·斯密在其巨著《国富论》中提出：为了增加国民财富，一方面要增加生产性劳动者的数目，另一方面要提高所雇用劳动者的生产率。而只有分工才能使其熟练并提高劳动技巧，进而提高劳动生产力。他还指出：掌握一门技巧并不是一件容易的事，需要接受教育，或者做学徒，或者去学校等，学习固然要花费一笔费用，但这笔费用可以通过获取利润获得偿还。③我们可以看到，不仅人力资源的思想在古典经济学中有所体现，而且人力资本的理念也渗入其中。

劳动价值原理一直是马克思所坚持的，并且其一直认为劳动就是价值的唯一源泉，其他物化因素，如劳动、资本等只是劳动延续的结果，是以往劳动的累积，资本的价值性和增值性是由劳动创造的。马克思指出，体力和智力之和可以运用到生产中，因为劳动力是蕴藏于活的人体之中的。此外，马克思的另一大贡献还体现在他将人类劳动分为简单和复杂两种形式，其中，复杂劳动具有较高的价值，因为相较于简单劳动，前者需要投入的教育费用更高，在劳动时间方面花费也较多。作为唯物史观的代表人物，马克思认为劳动者是唯一能推动历史进步的能动力量，尽管他并未把人的劳动归为资本。

直到现在，西奥多·舒尔茨、雅各布·明塞尔以及加里·贝克尔三位经济学家的理论组成了人力资本理论的框架体系。人力资本理论的诞生以被称为"人力资本概念之父"的舒尔茨于1960年发表的题为《人力资本投资》的演讲为标志。他认为，农业人口的质量低是导致发展中国家农业发展水平跟不上发达国家，以及农民生活水平低下的主要因素，而土地本身或者自然资源的贫瘠影响不大。他认为通过上学可以提高人口质量，人口质量的提高还可以显著提高穷人的福利和经济前

① 向佐春. 试论西方人力资源管理思维方式的沿革——从线化思维到复杂思维 [J]. 南开管理评论，2000（5）：55-59.
② 配第. 政治算术 [M]. 陈冬野，译. 北京：商务印书馆，1978：66.
③ 斯密. 国民财富的性质和原因的研究（上卷）[M]. 郭大力，王亚南，译. 北京：商务印书馆，1988：5.

途。①关于人力资本投资的内容，舒尔茨将其归纳为五点：一为医疗和保健方面；二为非正规教育以及职业培训，是指企业为提高员工的工作技能所增加的一些培训活动；三为涉及初、中、高等教育在内的正规教育；四为一些关于技术方面的企业外的培训活动；五为各种原因导致的迁移活动，如工作变换等。舒尔茨认为，人力资源方面的贡献是社会及经济发展的重要因素，甚至影响到了整个经济学的发展，这可以用来解释第二次世界大战后日本和德国为什么能快速崛起。

2.人力资源的特征

人具备双重属性，即自然及社会属性，同样，它还是人力资源的载体，故自然及社会的属性也是人力资源所具备的。

第一，可再生性是人力资源所具备的，这种可再生性受人口因素的影响，以劳动力个体为基础，通过替换、更新和恢复等步骤实现。

第二，在经济活动中，人力资源处在发起位置且是具备能动性的资源。资本、土地、劳动、企业家才能作为经济学中的四种生产要素，其中，前两种可分别被认为是货币资源及自然资源，后两种则被看作人力资源，是最为积极也是最为活跃的生产要素。

第三，不管从开发还是使用方面进行衡量，人力资源都具有时间制约性，所以，它是有着时效性的资源。从单个个体角度来看，人只有在其生命的某个阶段才可以被看作人力资源，在不同的年龄阶段，其具有不同的劳动能力，其人力资源水平也有着很大的差异性。

第四，人力资源属于收益递增性的资源。人的知识作为人力资源的载体是不断增长及更新的，且经过时间的变迁，经验的积累、技能的开发等会越来越成熟、完善，虽然在此过程中，人力资源也会有各种有形或无形的损耗，但这些都无法阻挡随着时间的推移人力资源价值的相应提升。②

① 王宏昌，林少宫. 诺贝尔经济学奖金获得者演讲集（中）[M]. 北京：中国社会科学出版社，1997：69.
② 赵丽清. 中国老龄化背景下城镇老年人力资源开发研究 [D]. 天津：天津财经大学，2016：8.

2.3.3 经济学理论

正如上文中提到的，人力资源指的是在一定时空范围内，能够推动社会经济发展的整个劳动力的总和。而老年人力资源是人力资源的重要组成部分，即指一定时空范围内，能够推动社会经济发展的具有一定劳动能力的老年人口。而人力资源的开发一般是指一定时期内，国家或社会对所有的社会成员所进行的投资，包括对其智力的开发、培养、运用和周转等，目的是提供社会所需的人力资源，以期提高经济水平，促进社会的进步。所以，相应的，老年人力资源开发就是针对社会中的全体老年人，在一定时空范围内，运用各种合理得当的手段对其进行调动、开发和利用，推动社会生产力向更高的层级发展。另外，开发老年人力资源，对于丰富老年人的经历以及进一步提高老年人的综合素质，拓宽老年人参与社会的能力，提供了很好的机会。

此外，老年人力资源开发具有经济属性，即其资本性。而资本的使用是有价格的，所以，老年人力资源的开发使用价格就是资本的价格。资源转变为资本有两种途径：直接对资源进行定价以及对其进行间接定价。作为一种有价资源，老年人力资源的间接定价指的就是老年人力资本的转换，任何组织对老年人力资源的培训、教育等必然会转化为资本，进而取得收益。从微观角度来看，个体老年人力资源的定价可用货币的形式进行表现，从宏观角度来看，在一定时空范围内，老年人力资源是一个总量问题，故涉及其开发利用的问题必然会形成一定的价格认识，这也和前面分析得出的结论一样，即资本的一般属性也是老年人力资源所具备的。所以，老年人力资源资本化的本质就是要通过资本化这一途径使老年人最大限度地发挥其主观能动性、积极性和创造性，并且其开发利用程度还是衡量一国经济发展水平的重要因素。另外，开发老年人力资源是符合中国国情的。

老年人的经济来源一方面由受教育程度决定，受教育程度是促使老年人再就业的一个关键因素。往往受教育程度高的人在中年时期会有较好的财产基础或者养老保险基础，退休后会选择闲适的生活。在我们的调查中，受教育程度高的人中，将近70%的人会选择退休后不继续就业。反观受教育程度低的人，如果在青年、中年时期没有稳定的工作，在赡养老人和养育子女方面会有巨大的经济压力，导致其退休时没有良好的经济基础，退休后还会选择继续就业。另一方面，子女的赡养费也是老年人主要的经济来源，现今"70后""80后"受经济态势影响，个人工资差距较大，大多数人持中等水平工资。在调查中，仅仅依靠子女赡养就能满足自身需求的老人占比约为16.8%；除了子女赡养外，加上养老金和个人积蓄可以满足自身需求的老人占比约52%，上述两类老人再就业比例不高。从工种上来看，医疗人员和技术人员由于自身有丰富的经验而由相关机构返聘的概率高；还有30%左右的老年人，由于子女赡养费少或无子女赡养，同时也没有个人积蓄，客观上需要再就业。一部分人受身体状况影响不具备再就业的条件，政府会给予一定的补助，补助即为主要经济来源。也有人单纯不想再就业，生活上缩减开支。还有一部分人身体状况良好，但是也会因为年龄大、专业技能缺乏，只能从事技术含量不高的体力劳动，如保洁人员、门卫人员等。

2.3.4　社会学理论

首先，1965年问世的撤退理论（Disengagement Theory）是社会老年学家提出的最初的解释模型，其代表人物是科敏（Cumming）和亨利（Henry）。[①]该理论认为，由于老年人不像过去那样有用及可靠，所以，其在适度生活得到满足后，就要处在合适的位置上，自然而然给年轻人留出位置，这也是社会体系的正常延续及变更。此观点最开始就遭到了社会各界的激烈抨击。尽管如此，该理论在众多文献中仍有着很大的意义，因为其观点被关注，这对于人口老年学的发展是有好处的。

其次，活动理论，即积极的老年理论，是由美国芝加哥学派提出的社会学理论。它的核心观点是：社会中所有的人，都应把自己活动的基础看成是社会活动，而对于老年人而言，社会活动的意义更为重要。美国活动理论家阿诺得·罗斯认为，老年人同别的群体一样，有权利追求共同的自身利益，所以，他们应该靠自己的努力，团结起

---

① 田雪原. 全面建设小康社会中的人口问题 [J]. 人口学刊，2003（5）：3-9.

来，形成强大有实力的老年团体。厄尔德曼·帕尔莫作为美国社会学家，曾对平均年龄 78 岁的 127 名美国老年人做过调查，发现老年人的生活满意度与其参与的活动有关，参与越多，生活满意度也越高，反之，则越低。[①]

强调通过社会参与来实现老年人的社会价值是活动理论的真正意义，老年人的社会作用并没有消除，而是随着其日历年龄的增加转变了相应的角色，发挥着区别于少儿和年轻劳动者的社会作用。

再次，次文化理论与社会环境理论。罗斯（Rose A.M.，1965）作为次文化理论的倡导者，他认为，相较于其他类属的成员，同一类属成员彼此之间的互动机会要多，次文化由此产生。这种理论认为，由于社会趋势及人口的不同，老年次文化赋予老年人一种新团体的身份，即使是 60 岁或者 65 岁以上的老年人仍具有活动能力。所以，社会应该为老年人提供机会，为老年同辈在一起创造更多的机会，从而形成独特的文化。尽管有学者对次文化理论提出了质疑，但不得不承认罗斯理论中的大部分内容被认可度还是很高的。

最后，社会环境论是继次文化论后新出现的一种观念。对于人口老化现象，该理论试图用新的方法及思维对其进行解释，进而解释人口与社会环境间的关系。该理论的主要观点是：不同情境的价值及观念会形成不同的文化背景（cultural background），这对老年人是否能适应环境的变迁是一个很好的检测。从布鲁恩（Bruhn）对发展区位观点的主张就可看出，其意在指出，老年人为避免自身老化所带来的消极影响，可充分利用社会环境中提供的条件。

2.3.5　心理学理论

老年心理学理论认为，老年人随着年龄的增长，体力和智力方面的功能变化会有所不同，前者会有所下降，后者则不仅不会下降，智力功能在某些方面反而会更强。巴尔赫斯和谢尔针对这一点，曾对不同年龄的人做过测试，证明了这个观点。但是，与年轻人的智力相比，老年人

[①]　闵钟. 人口老龄化与老年人力资源开发 [J]. 经济师，2003（6）：72.

智力还是较低，关于这一点，他们给出的解释是，这种情况并不是由年龄造成的，而是取决于年轻人与老年人的代际差别。另外，智力与其受教育程度、职业等有很大的关系，针对这一问题，日本学者市丸及小寿在 1976 年针对老年人做的调查中发现：老年人智力与其学历和职业密切相关，学历高的及受教育时间长的老年人，智力退化较轻；与无职业的老年人相比，有职业的老年人保持着较好的智力功能，而这部分老年人中曾从事专门职业和管理职业者，他们的智力功能减退最轻。另外，美国的心理学家卡特尔及霍恩，将智力分为"液化智力"和"晶化智力"两类。"液化智力"主要由人们的生理结构所决定，包括记忆力、思维敏捷度以及知觉整合力等；"晶化智力"主要取决于人们的文化、知识、学习以及经验等，包括知识广度、词汇掌握以及判断能力等。其中，随着年龄的增长，"液化智力"会减弱；而在成年后，"晶化智力"不仅不能退化，反而会出现增强的趋势，只有达到一定年龄，如七八十岁，才会出现略有减弱的趋势。

另外还涉及老年人的精神心理需要理论。马克思把人类需要分为生存、享受、发展三个阶段，他指出，在这个现实世界中，这些需要其实是人们的本性。他认为，生存方面的需要是人们首先要满足的，即物质第一性，精神需要是第二性的，这也意味着处于更高位置的是精神心理需要。

依据美国著名社会心理学家亚伯拉罕·哈罗德·马斯洛（Abraham Harold Maslow）的"人性需要层次理论"，人的行为源自动机，动机源自人的基本需求，人的需求层次由低级到高级分别是生理方面、安全方面、社交方面、尊重以及自我实现方面五个层次。通常，人的行为并不是由其中一种需求决定的，而是同时由几个或者全部决定的，在众多需求当中，每一时期都有一个占主导地位的需求，其他的需求处于从属地位。若从年龄结构角度分析，高层次的需求会随着年龄的增长而得到进一步的发展。年长者的自我实现需求处于主导地位。此外，天津师范大学心理与行为研究中心的阴国恩教授在对 50 岁以上的 300 名老年人做过调研后，得出的结论基本相同，即在老年人的九种需要中，物质需要水平相对较低，而尊重需要水平最高且差异最大。这反映出老年人更重视精神心理需要的现实。①

　　所以，老年人力资源开发也要通过对人的需求情况把握而进行有针对性的开发，这也是老年人实现自我价值的一个重要途径。

---

　　① 阴国恩. 老年人需要及相关因素的研究 [J]. 天津师范大学学报（社会科学版），2001（5）：37.

第3章 老年人力资源开发现状

3.1 新时代老年群体的属性①

3.1.1 创造性

《礼记·曲礼》中言："人生十年曰幼，学。二十曰弱，冠。三十曰壮，有室。四十曰强，而仕。五十曰艾，服官政。六十曰耆，指使。七十曰老，而传。"传统农业社会将人接受教育的时间定位在20岁之前，他们秉持的是"年轻时学习，成年后工作，年老时休息"的片段式人生观，②认为老年人拥有丰富的经验，是社会的"财富"。现代社会以资本、技术密集型产业为主，与传统农业社会不同的是，靠经验已经无法完全解决现实中存在的问题。知识、技能爆炸式的更新，很多老年人已跟不上时代的步伐，无法适应现代生活。在传统社会向现代社会转变的

---

① 高秋萍，韩振燕，曹永. 老年人力资源开发视域下的老年教育发展策略研究 [J]. 成人教育，2020（8）：29-34.
② 闫立娜，杨丽波. 教育赋权诉求下我国老年教育的社会调适研究 [J]. 终身教育研究，2018（6）：36-42.

过程中，老年人的价值逐渐被边缘化，老年群体有了创造新价值的内在需求。

但现代社会对人成年期以后智能方面研究的成果显示，随着年龄的增长，虽然智能中的流动性智能，如短期记忆、概念形成、抽象推理、信息处理的速度等方面会有所下降，但结晶性智能，如语言能力、算术能力、判断力等却有所上升，尤其是受教育、学习、经验等社会文化的影响而形成的智能，有的直到高龄时期依然上升。[①]

近年来，国际上提出的"老年人力资源论"实际上肯定了老年人具有继续创造的能力和价值。老年人有更丰富的生活经验、更广阔的人生阅历、更熟练的技能，这些"退休"的生产力完全可以转化成现实的生产力，这样不但可以改善个体老年人的老年期状态，也可以改善社会发展的条件。老年群体的创造性价值是社会发展所需要的一种社会性资源。[②]

但人的创造力的形成伴随着人的整个社会化进程，仅仅依靠在青少年时期的学校教育是远远不够的，还必须依靠成年后的教育，其中包括老年期的教育。通过完整的终身教育，最大限度地开启人的创造力。

3.1.2　能动性

心理学家埃里克森认为，人从出生到死亡是一个渐进的、成长的过程。他将人的一生分为八个阶段，每个阶段都以一个主要危机为特征，主张个人在不断克服各个阶段所遭遇的危机中实现自我成长，并暗示了人生最后阶段面对死亡、超越成长的可能性。[③]老年群体并非特殊群体，他们是社会的有机组成部分，具有自我发展的能力和积极性。新老年群体在经济上更加独立，一般拥有独立的住房，普遍享受国家的养老、医疗以及其他各类社会保障，经济上表现出来的养老主动性、能动性增强。同时，他们的能动性还表现在当社会有需要时，他们不断地充

---

① 谢保群. 终身教育体系视域下我国老年教育的发展课题 [J]. 中国老年学杂志，2011（16）：3202-3204.
② 姚远. 从财富论到资源论：对老年人力资源问题的再认识 [J]. 学海，2004（1）：127-130.
③ 谢保群. 终身教育体系视域下我国老年教育的发展课题 [J]. 中国老年学杂志，2011（16）：3202-3204.

实自己、提高自己，充分挖掘自身的潜力，而不是被动地等待社会的选择——他们完全具备了主动适应、自我变化的能力。

终身教育理论认为，只有教育才能永无止境地从智力、情感和想象等方面调动人的全部能动性。[①]

3.1.3 发展性

充分、全面而自主的发展是人的本性要求，随着社会生产力的发展、人们生活水平的提高，这种本性要求越发强烈且个性化发展的特征越发明显。新时代，老年群体的能动性也决定和扩大了他们的发展性要求。马斯洛的需求层次理论对老年群体同样适用，新时代的老年群体对被动、依赖养老的生存性需求减少了，对生活质量、人生价值的要求增加了。他们不再满足于维持基本生活，期待从退休后的孤独、寂寞、失落中回归，参与社会生产活动，从而产生了应对、表现、贡献、影响、超越的特有老年需求。他们追求精神情感的满足，重视身体和心理健康，关注社会活动，努力追求新的个人和家庭生活，追求自我价值的实现。但随着信息化的深入，现代社会知识、技术更新的速度和频次越来越快，老年群体生存与发展的出路和其他年龄层次的人们一样，同样要接受教育。

3.1.4 社会性

整个社会是一个个群体的集合，群体的构成和更替带来了社会的可持续发展。老年群体的规模、结构和更替是一种客观存在，形式上是一代又一代老年人的替换，实质上却是老年人的变化、社会的变化、老年人与社会互动的变化。[②]老年人在社会发展中具有不可取代的社会价值，因为他们拥有成熟丰富的经验、智慧和技能，仍然是这个社会整体人力资源的一部分。他们同样追求自我、权利、价值，渴望从边缘化走向主流，全面参与社会发展，共享社会发展成果。我们要从社会化发展

[①] 董之鹰. 新世纪的老年教育与资源价值观 [J]. 中国人口·资源与环境，2001（1）：70-74.

[②] 姚远. 老年群体更替：积极应对人口老龄化必须考虑的问题 [J]. 西南民族大学学报（人文社会科学版），2016（11）：1-8.

和人口老龄化角度重视老年人力资源的开发和利用，让老年人为社会做出更大的贡献。

老年群体的属性特征从根本上决定了新时代老年人力资源开发的可行性和必要性。老年人力资源有其独特的价值：一是老年人具有成熟、智慧的典型特征，在社会发展过程中可以起掌舵、压阵、调节、扶持、指导等作用。[①] 二是老年人在基层开展工作时可以起到重要的协调、稳定作用。老年人力资源和老年人的生产潜能得到进一步开发和利用，无疑对缓解社会和家庭矛盾起着积极的作用。全社会要转变老年价值观念，从"财富论"转向"资源论"。而人力资源的进一步开发则需要通过培训、再教育扩大原有价值或获得社会所需要的新价值。老年人力资源完全可以通过老年教育实现量的扩张、质的提高，[②] 这是新时代对老年教育的新要求，是实现积极老龄化的重要因素和推进路径。

3.2 老年人力资源开发现状

3.2.1 老年人在业率不高

根据1990年以来的3次人口普查数据和2015年全国1%的人口抽样调查数据，我们可以分析出我国老年在业人口的数量及占比（见表3-1）。如果将60岁作为老年人的年龄度量标准，可以发现：60岁以上老年在业人数呈现出逐渐增长的态势，从1990年的2 769万人增加至2015年的5 957万人；60岁以上老年人的在业率在30%的附近上下波动，从1990年开始逐渐提高，到2000年达到最高值，随后又开始下降，2015年在业率为26.83%。从老年在业人口年龄分布来看，60~64岁的低龄老年人在业率是最高的，达到40%以上，2000年和2010年都接近50%。在业的低龄老年人中，男女性别比约为6：4。如果以2015年的人口调查数据为例，中国老年人在业人数接近6 000万人，在业率为26.83%。其中，低龄男性老年人是在业的主体。

---

① 叶忠海. 老年教育若干基本理论问题 [J]. 现代远程教育研究, 2013 (6): 11-16, 23.
② 姚远. 从财富论到资源论：对老年人力资源问题的再认识 [J]. 学海, 2004 (1): 127-130.

表3-1　　中国老年在业人口的数量及占比（单位：万人，%）

年份	年龄	老年人数	在业人数	在业率	男性		女性	
					在业人数	占比	在业人数	占比
1990	60+	9 697	2 769	28.56	2 043	73.78	726	26.22
	60~64	3 398	1 555	45.76	1 105	71.06	450	28.94
	65+	6 299	1 214	19.27	938	77.27	276	22.73
2000	60+	12 998	4 290	33.01	2 709	63.15	1 581	36.85
	60~64	4 170	2 084	49.98	1 304	62.57	780	37.43
	65+	8 827	2 207	25.00	1 405	63.66	802	36.34
2010	60+	17 759	5 372	30.25	3 275	60.96	2 097	39.04
	60~64	5 865	2 882	49.14	1 714	59.47	1 168	40.53
	65+	11 894	2 490	20.93	1 561	62.69	929	37.31
2015	60+	22 206	5 957	26.83	3 656	61.37	2 301	38.63
	60~64	7 816	3 347	42.82	2 015	60.20	1 332	39.80
	65+	14 390	2 609	18.13	1 641	62.90	968	37.10

资料来源：1990—2010年数据来源于第四次、第五次、第六次人口普查，2015年数据根据全国1%人口抽样调查数据进行测算。

　　2015年我国65岁以上老年人的在业率为18.13%，这一数据在世界上处于什么样的水平呢？经济合作与发展组织（OECD）成员65岁以上老年人平均在业率为15%，美国2013年65岁以上老年人在业率为22.2%，日本超过35%，韩国更是高达40%。[①]从这些数据可以看出，我国65岁以上老年人的在业率高于同期OECD成员的平均水平，与美国的平均水平基本一致，但远低于日本和韩国。但是OECD成员大多数是经济较为发达的经济体，老年人的养老和医疗等社会保障制度健全，进入老年阶段继续工作的老年人口的比例不是太高。而发展中国家因社会经济发展水平滞后，老年人的社会保障福利缺乏，老年人的就业率较

①　数据来源：OECD Employment and Labour Market Statistics.

高。尤其是在亚洲的发展中国家，勤劳的优秀传统使老年人的在业率居高不下，如巴基斯坦的老年人在业率为57%，印度的老年人在业率为58%。因此，从经济社会发展水平与社会保障建设阶段的适配性来看，我国老年人的在业率是偏低的，与我国目前所处的经济社会发展阶段并不相适应。因此，未来中国老年在业人口还有进一步挖掘的空间，政策引导得力的话，会带动更多的老年人重返劳动力市场，促使老年人在业率上升。

3.2.2 老年人就业层次偏低

中国从事农业生产的老年人比例较大，从表3-2可以看出，60～64岁老年人中有40.4%从事农林牧渔业，65岁以上的老年人中有56.8%从事农林牧渔业。老年人就业集中在农业部门与现在的城乡老年人的分布结构有关。随着城镇化进程的加快，大批青年劳动力进城务工，老年人成为农村剩余劳动力的主体。另外，农村的老年人习惯于农业生产活动，因年事已高，跨入其他行业就业的学习成本较高。老年人就业的行业结构中占比超过5%的还有制造业、建筑业、批发和零售业、居民服务业和其他服务业等行业。建筑业是老年人进城务工选择较多的行业。制造业、批发和零售业、居民服务业和其他服务业对体能和智力的要求不是很高，老年人比较适合从事这些行业的工作。

表3-2 　　　　　　　　　2016年老年人就业的行业结构

行业	合计		男		女	
	60~64	65+	60~64	65+	60~64	65+
1.农林牧渔业	40.4	56.8	30.7	0.4	0.1	0.0
2.采矿业	0.4	0.3	0.8	8.4	6.9	5.7
3.制造业	10.5	7.4	12.6	0.5	0.1	0.0
4.电力热力燃气和水生产及供应业	0.5	0.3	0.8	5.7	0.9	0.5
5.建筑业	7.9	3.9	12.0	9.1	10.3	8.6
6.批发和零售业	10.5	8.9	10.2	9.1	10.3	8.6

行业	合计		男		女	
	60~64	65+	60~64	65+	60~64	65+
7. 交通运输、仓储和邮政业	2.4	1.4	3.6	2.0	0.5	0.2
8. 住宿和餐饮业	3.4	1.6	2.8	1.6	4.2	1.7
9. 信息传输、软件和信息技术服务业	0.2	0.2	0.2	0.2	0.1	0.2
10. 金融业	0.4	0.2	1.6	0.3	0.3	0.1
11. 房地产业	1.8	1.1	2.3	1.3	1.1	0.6
12. 租赁和商业服务业	1.5	1.1	1.8	1.3	1.0	0.5
13. 科学研究和技术服务业	0.2	0.2	0.3	0.3	0.1	0.0
14. 水利、环境和公共设施管理业	1.9	1.4	1.9	1.4	2.1	1.4
15. 居民服务业和其他服务业	9.2	8.6	8.3	8.2	10.3	9.4
16. 教育	1.9	1.1	2.3	1.4	1.1	0.7
17. 卫生和社会工作	2.1	2.2	2.1	2.5	2.0	1.5
18. 文化、体育和娱乐业	0.5	0.5	0.4	0.6	2.0	1.7
19. 公共管理、社会保障和社会组织	4.3	2.8	5.3	2.6	0.5	0.4
20. 国际组织	0.0	0.0	0.0	0.0	2.3	1.4

资料来源:《中国劳动统计年鉴》(2017)。

3.2.3　老年人教育培训针对性不强

姚远的研究指出,老年人力资源开发的重点是提高对老年人力资源的认识,加强老年教育和专业技能培训。[①]首先,社会还没有意识到老年人力资源的重要性。企业和社会在雇用老年人时,主要看重的是他们的历史价值,长期以来积累的人脉关系、工作经验等,往往忽视了对老年人力资源的再次开发。事实上,老年人作为社会人力资源的一个重要

[①]　姚远. 从财富论到资源论:对老年人力资源问题的再认识 [J]. 学海,2004 (1):127-130.

组成部分，同年轻劳动力一样，都具有创造力和发展性。通过有效的方式和途径来开发和利用老年人的潜能，他们将会为社会发展做出重要贡献。其次，现有的老年教育主要是以政府为主导，由各地的老干部局、老龄委等部门主管，兴办各种老年大学，开展基础教育、技能培训、健康教育和锻炼、休闲娱乐等多方面的教育活动。在老年教育活动项目中，健康和娱乐项目的受众面较广，而对老年人的专业教育和技能培训的关注度较低，缺乏企业岗位技能点对点的教育和培训活动。最后，大部分老年人自身的文化程度不高，又由于体力和反应敏捷性下降，导致企业不愿意雇用老年劳动力，更谈不上主动开发老年人力资源。从日本和韩国等老年人就业率较高国家的经验做法来看，政府可以通过鼓励企业设立适合老年人工作的岗位、奖励或补贴雇用老年人的企业、联合企业举办老年人就业技能培训，来提高老年人的岗位适应能力。

3.2.4 老年人力资源严重浪费

中国的强制退休年龄政策，大致经过以下的演进历程：1951年，当时的政务院颁发了《中华人民共和国劳动保险条例》，规定男职工的退休年龄为60周岁，女职工为50周岁。1955年，国务院颁发的《国家机关工作人员退休处理暂行办法》把女干部的退休年龄确定为55周岁。1978年5月24日，第五届全国人民代表大会常务委员会第二次会议批准的《国务院关于安置老弱病残干部的暂行办法》、《国务院关于工人退休、退职的暂行办法》（国发〔1978〕104号）仍然规定，企业职工退休年龄是男年满60周岁，女工人年满50周岁，女干部年满55周岁。1990年，人事部发布的《人事部关于高级专家退（离）休有关问题的通知》（人退发〔1990〕5号）提出，女性高级专家，凡身体能坚持正常工作，本人自愿，可到60周岁退（离）休。2015年，中共中央组织部、人力资源社会保障部联合发布《关于机关事业单位县处级女干部和具有高级职称的女性专业技术人员退休年龄问题的通知》（组通字〔2015〕14号），规定党政机关、人民团体中的正、副县处级及相应职务层次的女干部，事业单位中担任党务、行政管理工作的相当于正、副处级的女干部和具有高级职称的女性专业技术人员，年满60周岁退休。

中国法定退休年龄为男性60岁，女干部55岁，女工人50岁，但企业职工的实际退休年龄还要更低。封进和胡岩的实证研究发现，中国企业职工大量不规范的提前退休造成实际平均退休年龄仅53岁。[①]那么中国老年人的法定退休年龄和实际退休年龄在国际上处于什么水平呢？美国未从法律上强制规定退休年龄，而是采取养老金政策激励工人延长劳动年龄，越推迟退休，领取的养老金越多。62岁是具备领取养老金的最低年龄，但62岁退休只能领取70%的养老金，67岁退休可以领取100%的养老金。美国实际退休年龄为66岁。日本现行的法定退休年龄是65岁，但实际退休年龄达到69.5岁，也就是退休后大量的老年人仍在坚持工作。日本政府正在考虑将法定退休年龄延长至70岁。OECD成员中老年人就业率最高的是韩国，65岁以上老年人的就业率高达45.7%；其次是日本，为42.0%。[②]韩国的法定退休年龄为60岁，但是实际退休年龄达到72岁，是世界上实际退休年龄最高的国家。其如此高的老年就业率也就不难理解，并且韩国政府近期拟将法定退休年龄推迟到65岁。从表3-3的数据中可以基本判断老龄化国家的法定退休年龄为60～70岁，实际退休年龄也基本在60～70岁，而中国的法定退休年龄和实际退休年龄在国际上均是比较低的，而且女性的退休年龄更低。从法定退休年龄的性别差异来看，英国、意大利、葡萄牙等国家的男性法定退休年龄比女性高4～5岁；日本、德国、韩国、瑞典、加拿大、墨西哥、西班牙等国家实行男女同步退休的政策；法国、瑞士、爱尔兰等国家男性法定退休年龄比女性高2～3岁；而土耳其的男性退休年龄仅比女性高1岁。

3.2.5 老年人口分布不均衡

从我国中低龄老年人口的空间分布来看，其存在着严重的非均衡性。经济发达的华东地区中低龄老年人力资源最为丰富，约占全国的1/3，

---

① 封进，胡岩. 中国城镇劳动力提前退休行为的研究［J］. 中国人口科学，2008（4）：88-94，96.
② 数据来源：OECD Employment and Labour Market Statistics.

而西南地区仅为华东地区的1/5左右。这和区域的人口总量及人口结构有关，也和地区经济发展水平有关。例如，上海、江苏、浙江位处东部沿海地区，经济较为发达，老年人力资源丰富；而西藏、宁夏、青海位处西部，经济排名靠后，老年人力资源也相对稀缺。[①]

表3-3 典型国家退休年龄一览表

国家	法定退休年龄		实际退休年龄
	男性	女性	
中国	60	55/50	53.0
英国	65	60	62.6
日本	65	65	69.5
法国	67	65	63.4
德国	67	67	65.0
韩国	60	60	72.0
瑞典	65	65	64.5
意大利	65	60	60.4
西班牙	65	65	62.1
墨西哥	65	65	69.5
土耳其	65	64	66.3
葡萄牙	69	65	66.3
爱尔兰	67	64	66.0
瑞士	66	64	65.0
加拿大	65	65	64.5

资料来源：童玉芬，廖宇航. 银发浪潮下的中国老年人力资源开发 [J]. 中国劳动关系学院学报，2020（2）.

① 郑爱文. 基于异质性视角的低龄高智老年人力资源开发利用探析 [J]. 北方民族大学学报（哲学社会科学版），2019（4）：128-134.

3.3 老年人力资源潜力

3.3.1 低龄老年人绝对数大、增长快

从中国老年人口的年龄结构来看（见表3-4），60～69岁的低龄老年人的绝对数量和相对比重均是最高的，且呈现出逐年增加的态势。2010年60～69岁老年人口为9 730万人，占老年人口总数的56.12%；2017年60～69岁老年人口数量增至14 512万人，相对比重上升至60.24%。中国有超过1亿人口规模的低龄老年群体，且未来还将呈现不断增加的态势，这是一个非常庞大的群体。现有的强制退休制度已经将他们排除在劳动力市场之外，从而造成了人力资源的浪费，但是他们自身有较高的参与社会事务的愿望。

表3-4　　2010—2017年中国60岁及以上老年人口年龄段分布

老年人	年龄段	2010年	2011年	2012年	2013年	2014年	2015年	2016年	2017年
老年人规模（万人）	60~69岁	9 730	10 442	11 198	11 865	12 570	13 293	13 869	14 512
	70~79岁	5 610	5 888	5 958	5 974	6 142	6 282	6 471	6 700
	80岁及以上	199	2 183	2 248	2 422	2 558	2 612	2 752	2 877
老年人比重（%）	60~69岁	56.12	56.40	57.71	58.56	59.10	59.91	60.06	60.24
	70~79岁	32.35	31.80	30.70	29.49	28.88	28.32	28.02	27.82
	80岁及以上	11.53	11.80	11.59	11.95	12.02	11.77	11.92	11.94

资料来源：2011—2018年《中国人口和就业统计年鉴》。

3.3.2 老年人口寿命不断延长

随着经济社会的发展和医疗技术的进步，中国人口的预期寿命逐年提升，从中华人民共和国成立初期的35岁，增长到2018年的77岁。人口预期寿命的提高使得老年人继续为社会做贡献的时间有效延长，为老年人继续参与劳动奠定了生理基础。

　　世界卫生组织为应对人口老龄化挑战提出了健康老龄化的理念，倡导不应片面地追求长寿，而应追求健康的生活质量，认为用健康预期寿命来测度老年人的健康状况更合适。根据世界卫生组织的报告，2018年中国人均健康预期寿命为68.7岁，在国际上处于中等偏上水平。根据中国2010年第六次全国人口普查数据统计分析结果，60～64岁老年人口中有83.1%是健康或基本健康的，65～69岁老年人中有78.1%是健康或基本健康的，说明中国低龄老年人的健康状况是良好的。中国营养与健康调查（CHNS）数据进一步说明了中国低龄老年人的就业岗位对其健康基本上没有什么限制，或仅存在部分限制（如图3-1所示）。

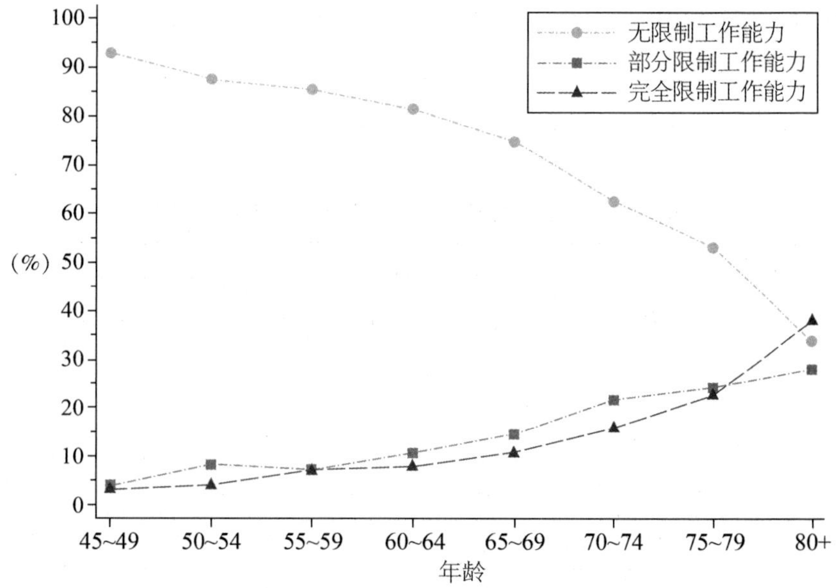

图3-1　中国老年人的工作能力健康限制状况

资料来源：中国营养与健康调查（CHNS）数据。

3.3.3　老年人综合素质稳步提升

　　"老年"是一个随着时间动态变化的概念范畴，今天的青年人就是未来的老年人。老年人的文化程度是其在劳动力市场中的一个重要竞争因素，是获得工作岗位、学习岗位技能等的重要辅助条件。今天的老年人大多出生在中华人民共和国成立前后，中国的基础教育和高等教育是在中华人民共和国成立后得到飞速发展的，因而老年人的文化程度随着时间的推移而呈现出逐渐提升的趋势（见表3-5）。中国老年人的整体文化程度偏低，接受过小学教育或未上过学的老年人比重占到70%以上。从1982—2010年的4次人口普查数据可以看出，小学及以下文化程度的老年人比重逐渐在降低，接受初中及以上教育的老年人在逐渐增加。

表3-5　　中国最近4次人口普查中老年人的文化程度（%）

年份	未上过学	小学	初中	高中	大专及以上
1982	79.39	16.37	3.06	0.86	0.32
1990	70.45	22.28	4.90	1.67	0.70
2000	47.54	36.83	9.46	4.12	2.05
2010	22.50	49.71	18.70	5.83	3.26

资料来源：根据最近四次人口普查数据整理。

随着时间的推移，新加入的老年人文化程度越来越高，改善了老年群体的文化程度。表3-6显示了2010年人口普查中低龄（60～69岁）、中龄（70～79岁）、高龄（80岁及以上）老年人的文化程度差异。未上过学的老年人主要是中高龄老年人，低龄老年人的比重仅占13.56%；低龄老年人中接受过小学、初中、高中教育的明显高于中高龄老年人；大专及以上文化程度的低龄和中龄老年人没有明显差异，但都高于高龄老年人。

表3-6　　2010年人口普查中老年人文化程度的分年龄分布（%）

年龄（岁）	未上过学	小学	初中	高中	大专及以上
60~69	13.56	51.63	24.35	6.94	3.52
70~79	29.23	49.31	12.98	5.00	3.48
80 及以上	47.33	40.39	7.72	2.80	1.76

资料来源：根据2010年第六次人口普查数据整理。

3.3.4　老年女性的劳动参与率逐渐上升

在中国现行的退休制度中，男性和女性的退休年龄是不同步的，女性的退休年龄比男性低了 5～10 岁。但是一直以来女性的平均预期寿命都高于男性。因此，女性的可利用的生命时间应该多于男性，但中国的退休制度却是女性比男性提早退休，可能是基于传统的性别观点认为老年女性更适合做家务和隔代抚育。近年来，随着女性独立意识的增强和男女平等观念的普及，中国老年女性的劳动参与率呈现出逐年提升趋势。2002 年，联合国对 166 个国家和地区的调查数据显示，有 64.74% 的国家和地区实行了男女同龄退休制度，2015 年这一比例进一步上升到 66%，而中国男女的退休年龄差距最高达到 10 岁，退休年龄差距居世界第一位。女性的提早退休是对女性人力资源的极大浪费。

第4章　老年人力资源开发的因素影响

4.1　老年人就业类型

4.1.1　重金聘请型

这一类老年人的特点是：从事企事业单位管理工作多年，具有丰富的经验或技术专长。退休后，有健全的养老保障，没有经济压力，但是由于闲不下来，所以选择了继续工作。这类老年人通常在退休前就被雇主"瞄准"了，他们再次工作后的薪酬可能比退休之前还要高很多。

4.1.2　自主创业型

这一类老年人的特点是：孩子们结婚生子后，老人的家庭生活负担减轻，他们毕生的积蓄都将被用来作为创业基金。这些老年人身体健康，幸福指数较高，精力充沛，接受新鲜事物较容易。有的进行"小门脸"经营，有的与他人合资经营；还有一些老年人擅长网络技术，可以开网店做店主。例如，有位老人退休前是一家工厂的工人，退休后选择在商场里开了一家自助火锅店。明明有退休金作为生活保障，可以安享晚年，为什么要开火锅店呢？这位老人说自己比较习惯忙碌一点的生活，通过创业，不但丰富了自己的生活，而且在一定程度上可以减轻子女的负担。

4.1.3 无奈打工型

这一类老年人的特点是：他们通常没有受过教育，技能水平较差，儿女文化程度也较低。他们从事的工作往往是社会最底层工作，收入也不高，只能维持基本的生活。这些老年人主要是农村和城市低收入群体。他们虽然正在进入老年期，但要被迫继续工作以补贴家庭。例如，在我们的调查中，有一位杨阿姨从事保洁工作，退休后依然选择从事该工作。杨阿姨家有一儿一女，儿子20多岁刚开始工作，家里的经济状况一般。杨阿姨自己小学毕业，只能从事这样的工作。儿子的工作也没有完全稳定下来，而且以后面临结婚、生子的生活压力，她只能选择再就业。她也希望自己可以退休，安享晚年，但是现实状况并不允许。

4.2 老年人就业特点

4.2.1 就业途径单一

老年人的就业主要依靠亲戚朋友的介绍，大多是通过口头方式找工作，通过中介机构找工作的比例很低，很少有老年人向就业机构提供简历等书面信息。这一方面表明老年人利用其他就业渠道的意识不强；另一方面也反映出社会相关制度不完善，不能帮助老年人就业。例如，有一位林阿姨退休后从事重体力劳动工作，为什么不选择一份轻松的工作再就业呢？林阿姨说，自己的受教育程度不高，没有获得招聘工作的渠道，工作的选择面很窄。

4.2.2　就业领域集中

老年人的就业主要集中在农业、林业和渔业、商业零售服务和住宅服务业等领域。由于老年人的身体机能逐渐衰退，高强度的脑力和体力劳动存在安全隐患，因此极大地限制了老年人的工作领域。为此，我们应该探索解决老年人再就业问题的途径，拓宽城镇老年人的再就业领域，真正实现老年人的充分就业。通过我们的调查，我们发现约有40%的老年人再就业选择服务业，20%选择农林渔业，10%选择自主创业。

4.2.3　就业待遇低

目前，老年人口占我国总人口的比例越来越高，老年人的文化水平也不断提升。但老年人再就业待遇体系存在一定的问题，工资一直处于较低的一个状态。比如，有一部分老年人退休后会从事保洁工作，但他们每月的工资仅1 500元左右，且大部分享受不到五险一金等福利政策。

4.2.4　就业技术水平低

调查数据显示，低龄老年人的再就业绝大多数从事服务业或农业、林业和渔业。由于文化水平的限制和身心因素的影响，老年人再就业技术水平较低。

4.3　影响老年人再就业的因素

4.3.1　就业意识强弱对再就业的影响

传统观念对低龄退休老人发挥主观能动性参与社会活动造成了很大的障碍，一定程度上影响了老年人对再就业的理解。

一是老年人的再就业将部分取代年轻人的就业。有人认为，老年人在自己的岗位上工作的时间太长，不能为年轻人留出相应的岗位，也就不能进行新旧交替。特别是近年来，大学生的就业形势越来越严峻，许多大学生毕业后面临着失业的困境。在这种情况下，老年人的再就业或延长退休年龄会使大学生的就业情况更加糟糕。

二是老年人退休后应该休养生息，他们的生理功能已经开始衰退，他们的体力和精力都不像年轻人，他们是不适合继续参加劳动的。这种错误的想法致使一部分老年人再就业的欲望降低，于是直接进入老年生活。然而，事实上，随着经济和社会的发展、人们生活水平的提高，人的预期寿命一直在增加。许多老年人即使到了退休年龄也有能力和精力继续参加社会工作。此外，上述观念忽视了部分老年人的经济收入需求，对于那些没有养老金保障或养老金水平较低的老年人来说，有必要重回工作岗位来增加收入。

关于参与社会交往的程度，大多数人认为只有那些能获得经济回报的人才能利用业余时间，老年人应该为他们的家庭努力工作，教育和抚养他们的子孙。进入老龄化社会后，老年人"无用负担"的落后观念盛行，老年人数量急剧增加，使老年人做有用的事情变得愈发困难。

4.3.2　文化程度的高低对老年人再就业的影响

人口是形成人力资本的基础。然而，在我国60~64岁的就业人群中，只有4.5%的人具有初中及以上学历；而在65岁及以上的人群中，这一比例仅为3.1%。这反映出老年劳动力的文化程度仍然很低。然而，随着社会经济的发展，社会对劳动者的文化水平提出了越来越高的要求。这是因为知识水平较高的老年人比其他老年人有更强的学习能力和意识。在高技术要求或更高的心理需求的一些工作中，他们通常可以依靠多年的管理经验或工作经验，充分利用自身的优点，规避缺点，并结合新的工作中遇到的问题和自己的工作经验，更好地解决问题。因此，受过高等教育的老年人比未受过高等教育的老年人在劳动力市场上更具竞争力。

随着现代社会的不断发展和科学技术的不断进步，在参加社会活动的过程中，低龄退休老人由于所接受的教育水平低、知识更新慢，导致他们参与社会活动受到很大约束，从而导致他们的活动面较小。然而，从老年人自身的角度来看，也存在着教育水平相对较低、知识结构落后等内在原因，阻碍了老年人"老有所养"目标的实现。目前，我国低龄退休老年人群体受教育水平低的历史原因来自于当年所受教育与现代教育水平的差距。现代教育中的技术知识对他们来说几乎是空白的，他们需要重新学习，这对他们提出了更高的智力要求。低龄退休老人的记忆能力、智力水平和应急反应速度与青年人相比有较大差距，分析、判断的综合能力也在下降。很大程度上，低龄退休老人被限制参与深度和多领域的社会活动。

在人口老龄化的背景下，减轻国家和社会养老的压力是非常有必要的。特别是对贫困老年人来说，再就业是其提高收入的有效途径，对改善他们的生活、维护家庭和谐，也有非常重要的作用；同时，再就业可以继续发挥老年人的光和热，是他们体现自我价值的主要方式。因此，采取各种措施来鼓励、支持和引导老年人重新就业，不仅与改善其生活质量有关，而且是老年人参与社会发展、分享改革和发展成果、应对老龄化危机、促进社会可持续发展的有效途径。老年人教育是中国教育事业和老年人事业的重要组成部分。开展老年人教育，是实现教育现代化和建设学习型社会的重要措施，是满足不同群体的学习需求、提升老年人生活质量、建设和谐社会的必然要求。老年人教育的重点应放在农村地区，形成老年人教育的需求供给结构，优化城乡教育的分配，促进老年人教育的协调发展。此外，要推进各类教育机构开放，利用互联网等科技手段对老年人进行教育，为其创造学习条件并提供良好的服务。基于我国不平衡的区域发展和老年人多样化的学习需求，应该根据各地的现实条件、历史、文化资源和民俗，鼓励老年人接受各种形式的教育。推进高校社区教育，积极创造条件，采取各种形式，提高办学质量，逐步从为退休工人服务扩展至在社会中为老年人服务。在开展教育和教学工作的同时，各省市的老年大学应该在学校办学模式示范、教学业务指导、课程资源开发等方面发挥主导作用。

加强高校与社会教育机构之间的合作，丰富老年人教育的内容和形式。整合并利用社区、家庭养老资源，在社区和家庭养老中心、社区日间护理中心、养老院等各种养老机构中开展各种形式的老年教育。积极探访老年康复医院、城市社会福利学院、农村养老服务机构等，在教育场所配备相关教学设施，通过课程、讲座、展示学习成果等形式，促进教学整合，使老年教育进入养老服务体系，丰富老年人的精神文化生活。

积极发挥老年人力资源的作用，充分利用老年人的知识、智慧和经验，为他们参与经济和社会活动提供教育支持。同时，我们应该充分发挥老年人在传承中华优秀传统文化方面的积极作用，引导整个社会（特别是青少年），培育和践行社会主义核心价值观，尊老敬老爱老。

4.3.3　老年人身心健康对再就业的影响

拥有专业的知识、技能和丰富的社会经验一直被认为是低龄退休老年人的优势之一，但身体机能的下降仍然给他们的再就业带来了很大的麻烦。如果他们像年轻人那样从事快节奏、高强度的工作，将不可避免地给他们的身体带来严重影响。调查显示，约17.5%的老年人不愿意再就业，约71.4%的健康老年人愿意再就业。

当前，我国经济总量排名世界第二，人们的物质生活水平、精神文化需求都在不断提高，老年人更多地关注精神生活。现在的低龄老年人都出生在中华人民共和国成立时期，都经历过统购统销的紧张时期，也见证了家庭联产承包责任制、改革开放、发展社会主义市场经济给我国带来的经济腾飞，人们的物质生活发生了翻天覆地的变化。在物质文明飞速发展的同时，年轻人和老年人也开始注重精神文明的追求。在保证物质生活的同时，他们也希望提高精神生活的质量。

大多数老年人都希望减轻退休后产生的失落感。孩子长大后开始组建自己的家庭，老年人在家庭中的地位发生了显著的变化；孩子结婚后，不再受父母管教的约束，老年人也逐渐从"权威"走向"顺从"。在这样的家庭环境中，老年人自然会有一些失落情绪。与此同时，由于已经进入老年，身体的各项机能都在下降，这很容易导致他们在心理上产生"衰老无用"的心态。当然，对老年人来说，积极了解自己的身体状况，注重自己的身体健康是非常重要的。与此同时，作为子女，对老人要更有耐心，要多一些宽容和理解。

根据马斯洛需求层次理论，人的需求就像一个梯子，可以分为五个层次：生理需求、安全需求、社交需求、尊重需求和自我实现需求。现阶段，随着我国社会保障机制的不断完善，整个社会正朝着和谐、文明、友爱的方向发展。社交、尊重和自我实现需求逐渐成为老年人的追求，通过问卷调查和采访低龄老年人，我们发现低龄老年人再就业的目的是希望与社会保持联系，在人生价值上得到其他人的认可。

在这样的社会背景和文化环境下，政府应顺应这一趋势，为企业提供优惠政策。相关媒体也应该采取行动，积极配合和引导舆论，关注低龄老年人再就业的需要、追求高品质的精神生活的需要，以及自我实现和他人认可的需要。低龄老年人自身也要积极参加各种培训，努力达到岗位所要求的技能水平，满足自己的社交需求、尊重需求和自我实现需求，从而极大地提升自身的幸福感。

4.3.4 家庭经济情况对再就业的影响

2015 年 10 月召开的中共十八届五中全会决定：坚持计划生育基本国策，完善人口发展战略，全面落实一对夫妇可生育两个孩子的政策，积极开展应对人口老龄化的行动。政策实施后，引起了广大群众的关注和讨论。毫无疑问，这项政策将在一定程度上改变中国目前"4+2+1"的常见家庭结构（也就是说，一个家庭有四个老人、夫妻二人和一个孩子）。在一项题为"80 年代独生子女的孤独与亲情"的调查中（有 6 007 名 1980—1989 年出生的独生子女参与了该项调查），表示自己想生两个孩子的人占 46.1%。另外，根据网易亲子网站的报道，目前想生第二个孩子的家庭主要基于以下两个方面考虑：一是独生子女太孤独，需要兄弟姐妹陪伴；二是为了减轻未来赡养老人的压力。同时，也有一些家长因为抚养孩子的生活费用、教育费用和生育费用较高等原因，不愿意多生孩子。而有能力、身体健康的老年人再就业正好可以缓解二胎家庭的经济压力，提高家庭整体的生活质量，使家人们更好地享受生活。

随着科学技术的不断进步，一方面，生产过程中涉及体力劳动要素的工作不断减少，这为退休老人发挥余热、参与社会活动创造了条件，进一步减轻了年龄差距对退休老年人再就业的负面影响。另一方面，老年人丰富的工作经验和应对突发事件的能力，可以继续为社会带来更多的经济效益。在这一过程中，它不仅能产生经济效益，而且具有一定的社会影响。老年人再就业可以减轻家庭和社会的负担，间接地节省社会成本。老年人以经济方式补贴下一代的过程中，也实现了个人价值，建立了以"我"为中心的家庭稳定结构。

老年人的经济来源一部分由受教育程度决定，受教育程度也是促使老年人再就业的一个关键因素。通常，受教育程度高的人在中年时期会有较好的经济基础或者有企业养老保险作为保障，退休后会选择闲适的生活。调查显示，受教育程度高的人中有将近70%会选择退休后不再就业；而受教育程度低的人，由于青年、中年时期工作不稳定，加之上有老人下有孩童的巨大经济压力，导致退休时不具备良好的经济基础，退休后还会选择继续就业。同时，子女给付的赡养费也是老年人的主要经济来源。现今，"70后""80后"受经济形势的影响，个人收入差距较大，呈现出两端高、中间低的曲线走势，大多数人持中等水平工资。调查显示，仅仅依靠子女赡养就能满足自身需求的老人占比约为16.8%；在子女给付的赡养费的基础上，加上养老金和个人积蓄可以满足自身需求的老年人占比约为52%。上述两类老年人再就业的比例不高，能再就业的，大都是医疗人员和技术工种，由于自身经验丰富且有相关机构返聘，从而再就业。还有30%左右的老年人由于子女给付的赡养费少或无子女赡养，同时也没有个人积蓄，客观上需要再就业。一部分老年人受身体状况影响，不具备再就业的条件，政府会给予一定的补助，补助即主要经济来源。也有一部分老年人单纯不想再就业，会在生活上缩减开支。还有一部分老年人身体状况良好，选择了再就业，但是由于年龄大、体力差，专业技能缺乏，只能从事技术含量不高的体力劳动，如保洁人员、门卫等。

4.3.5　制度政策不健全对再就业的影响

作为世界第一人口大国，我国大学毕业生、成年人就业难的问题一直在社会民生问题中处于重要位置，以至于我国有很多人认为，积极鼓励低龄退休老年人"老有所为"会让现代年轻人、成年人的就业形势变得更加困难。其实，这种认识在主观上并不十分正确，低龄退休老年人实现"老有所为"的工作与成年人、大学毕业生的工作并不属于同一范畴。目前就我国而言，劳动力供大于求所带来的问题只体现在科技、文化、医疗、教育等特殊领域。这些领域迫切需要的是那些工作经验极其丰富的求职者。换句话说，年轻一代的就业与低龄退休老年人再就业是交替循环、互补的关系。就全世界而言，55～65岁年龄段的男性不再就业的比例最高，如法国、比利时等国家，目前已经远远超过65%的比例；日本55～65岁年龄段退出劳动力市场的比例仅为21%；美国这一比例占到39%左右。这些国家都有一个相同的地方，男性劳动力20～24岁年龄段的失业率十分接近，25～54岁男性的失业率差异较小。这说明低龄老年群体参加工作和成年人、大学生失业率两方面不存在确切的因果关系，因此低龄老年群体参加社会工作不会加大年轻人就业的难度。调查显示，低龄老年人参与社会工作与成年人、大学毕业生的就业正好互补，融为一体，年轻人工作经验的缺乏和技术技能的生疏，老年人可以进行补救；老年人创新思维和智力方面的短板，则需要年轻人来补位。二者在不同的工作领域展示自身的各种特长，因此二者可以和谐共存，不存在一些人所认为的那种矛盾。

当前，我国老年人的就业方向主要包括：①老年人自主创业，自己给自己干活，从而实现再就业，包括个体工商户、超市或自由职业。②"家人、朋友介绍"也是老年人再就业的主要途径。这表明当下老年人再就业的渠道和资源大部分都是老年人自己的。限于老年人自身的条件，约15%的老年人会通过原单位返聘实现再就业，综合素质较高的老年人大多采用这种再就业渠道，其工作单位大多是学校、医院和其他事业单位。普通工作岗位的老年人接受原单位返聘的可能性非常小。所以各级地方政府应为老年人再就业提供更多的平台，增加就业渠道，使老年人再就业有更多的选择，能更加灵活、便捷地找到工作。

就制度而言，我国关于老年人的立法比较少，且笼统、可操作性差，部分法规很有针对性，但在实施过程中又缺乏政策执行力。《中华人民共和国老年人权益保障法》（以下简称《老年人权益保障法》）明确指出了老年人具有"发展性需求"和"价值性需求"，但是在相关的法律、法规中，却无法找到对低龄退休老年人群体予以保护的条款。此外，针对老年人再就业的薪酬、社保、医疗等制度不够完善。制度政策的不完善导致低龄退休老年人群体在实现"老有所为"的过程中存在很大的问题，对他们参与社会交往也产生了一定的影响。另外，各地区经济发展水平不均衡，部分地区制度配套设施不齐全，不同市场对老年人力资源的需求存在很大差距。我国现在执行的就业制度，其服务对象只有年轻人，老年人在硬件条件上尤其是年龄受到一定的歧视，这一点也严重限制了低龄退休老年人实现"老有所为"的主张。

社会保障体系的不完善，使老年人再就业也受到很大的影响，一方面，在劳动力市场中，年轻人是主体，老年人本身就处于弱势状态。《老年人权益保障法》的出台虽然给老年人带来了一定的帮助，但我国的合同法①和劳动法并没有将再就业的老年人纳入保护范围，从而使再就业老年人得不到充分的保护。此外，很多再就业老年人的聘用单位也不能完全依法承担相应的法律义务。由于我国很多老年人都是通过非正规就业途径进行再次就业的，所以当自身权益受到损害时，这些老年人很难保护自己的权益。

老年人再就业涉及多方面的问题，如福利、医疗、教育等。这几个方面都会对老年人再就业和以后的生活质量产生极大的影响。因此，我国在社会保障制度上应给予老年人一定的保障，从而逐渐提高老年人再就业的比重。

人口老龄化背景下促进老年人再就业，减轻国家在社会养老方面的压力，是必要和可行的，尤其是对贫困老年人而言，这是增加他们收入的一个有效方法，对改善他们的生活和维护家庭和谐起着重要作用；与此同时，老年人再就业是继续发挥其余热、实现个人最高价值的需要。因此，采取各种措施鼓励、支持和引导老年人再就业不仅有利于改善他们的生活质量，也是老年人参与社会发展、分享改革和发展成果的一个有效方法，对应对我国的老龄化危机、促进社会可持续发展具有重要意义。

相关部门应为不同的职业和职位设定不同的退休年龄。中介机构、网络平台和招聘会提供的工作大部分都不适合老年人，缺乏信息交流平

---

① 包括《中华人民共和国民法典》中涉及的"合同法"部分。

台，劳动力供需不匹配，成为老年人找工作难的主要原因。因此，政府应建立专门的老年人才市场，提供相关服务，及时向老年人传递相关就业信息；建立老年人才数据库，为企业推荐合适的老年人；增加就业中介机构的数量，加强老年人与社会的沟通，实现老年人人力资源与社会需求的双向选择，减少结构性失业。

老年人的工作时间可分为空闲时间和核心时间。老年人的聘用单位应通过灵活的就业时间分配来缓解老年人在工作上的压力，提高老年人的工作效率。政府部门应积极发展适合老年人的相关产业，创造适合老年人的就业岗位。大多数再就业的老年人希望比过去工作更少的时间，因为他们的精力更有限。针对老年人的身体状况，应调整产业结构，多向其提供时间短、轻体力的工作，如临时工、兼职等。这样恰好与适龄劳动人口形成互补，满足劳动力市场上不同的用人需求。

政府要健全劳动保障制度，支持老年人再就业，就要给老年人提供一定的保障，包括法律、法规方面。比如，生病住院、同工同酬等，特别是工伤补偿方面，需要制定保护老年人合法权益的法规。例如，应该修订劳动法规，增加适合老年人再就业的相关规定，可以考虑建立老年人劳动仲裁制度；建议以法律的形式将商业保险纳入老年人再就业保障范围内，保险机构通过规范的方式分担用人单位的风险，减少老年人再就业的障碍。

在促进老年人再就业的过程中，政府应发挥先导作用，并引导市场在资源配置中发挥基础性作用，与各方共同携手助力解决老年人再就业问题。

第5章　老年人力资源开发的国际经验借鉴

从社会经济发展历程来看，一个国家或地区的经济发展水平与人口老龄化程度密切相关。发达国家是世界上最先进入老龄化社会的国家，其人口老龄化程度比发展中国家高出很多。到2000年，世界上65岁及以上老年人比例平均达到6.90%，接近人口老龄化标准线7%。其中，发达国家老年人口占比达到14.30%，发展中国家老年人口占比为5.10%。由此可见，发达国家老年人口占比高于发展中国家很多。①

整体来看，大多数发达国家已经进入老龄化社会。虽然各国因国情不同，采取了不同的措施应对人口老龄化带来的社会经济影响，但不能否认的是，无论采取什么措施，各国对老年人力资源开发都是非常重视的。例如，在美国享有很高声誉的大公司特别愿意雇用年长员工，特别是在服务业，如沃尔玛、麦当劳和其他连锁店都努力将老年

---

① 发达地区包括欧洲各国、北美洲、日本、澳大利亚以及新西兰。除此之外的地区界定为发展中地区。

人作为人才战略目标①，老年人群无疑是正处于人口老龄化进程中的各国的宝贵财富。因此，以下将重点分析发达国家老年人力资源的开发历程。

5.1 世界上第一个步入老年型的发达国家——法国

5.1.1 法国人口老龄化发展概况

1865年法国65岁及以上人口超过7%，是第一个进入老龄化社会的国家，标志着其人口老龄化社会的开始。经过近115年的发展，到了1979年，法国老年人口占比已从7%上升到14%。

虽然法国是最早进入老龄化社会的国家，但是老年人口占比从7%上升到14%用了近115年的时间，如此缓慢的速度对于法国来说是相当有利的，虽然法国无法借鉴别国的经验，但是面对人口老龄化带来的问题，它有充足的时间来面对。当然，在人口老龄化的进程中，法国政府还面临着经济衰退和社会保障等问题，但是经过各届政府的不懈努力，审时度势，及时采取相应对策，这些问题得到了较好解决。据统计，1999年，法国国民生产总值约1.4万亿美元，世界排名第4，人均GNP居世界第21位。②

5.1.2 法国应对人口老龄化的方针措施

从相关文献记载中可以发现，20世纪60年代，包括法国政府在内的社会各界开始关注人口老龄化问题，发布了关于人口老龄化问题的相关报告，随后出台了解决人口老龄化问题的相关政策。法国政府制定了全面的老年政策，包括保障老年人的社会和经济生活，改变老年人固有的观念，减缓人口老龄化的发展，促进老年社会学、病理学和医学的研究等。适应经济发展是这些政策制定和实施的前提，在这个前提下，不断地去满足老年人的各种需求。

---

① 程馨. 中国人口老龄化背景下的老年人力资源开发研究［D］. 青岛：青岛大学，2008：116.
② World Bank. World Development Report 2000/2001：Attacking Poverty，2001.

1.积极利用和开发老年人力资源

法国作为最早进入老龄化社会、人口老龄化持续时间最长的国家，当然会出现劳动力短缺的情况。为解决这个问题，法国政府经过长时间研究探索，决定积极开发老年人力资源，鼓励老年人再就业，参与经济建设，缓解社会养老压力。具体来说，一方面，法国政府为防止用人单位拒绝或解雇老年劳动力，禁止任何单位在张贴的招工广告中出现歧视老年人的内容；另一方面，法国政府还制定了一些优惠政策，如减税、给予相应补贴等，支持某些经营困难但仍会雇用老年劳动力的公司。除此之外，法国政府鼓励退休老人从事兼职工作，积极开展老年教育，同时为了提高老年人在实际工作中的工作能力，还为老年劳动力提供相应的再就业培训。同时，法国政府还积极鼓励老年劳动力延长工作年限，从而推迟退休时间，特别是低龄老年人和有较强工作意愿的老年人。法国政府为了解决劳动力短缺的问题，除了积极鼓励老年人再就业外，还出台各种优惠政策，以便吸引大量的外来务工人员。进入 21 世纪，法国外来务工人员超过 600 万人，占法国总人口的近 10%。与此同时，法国非常支持那些在经济上对法国有过贡献的外来务工人员选择移民，特别是技术移民，以此来应对劳动力供给短缺问题。①

从改善和提高老年人口的生活质量和健康状况的角度出发，法国政府高度重视老年人社会保障、社会福利和医疗保障等制度方面建设，逐步扩大社会养老保险在全国的覆盖面。例如，除了公务员的养老保险外，1946 年法国政府颁布的新《社会保障法》也将铁路和电力行业的工人囊括在内，两年后，新《社会保障法》的覆盖范围扩大到了所有技术人员。1952 年，新《社会保障法》中新增了对农民的社会保障条款。在非政府保险制度方面，私人保险是强制性投保的，将各行各业的工人纳入其中。所以，政府保险制度与非政府保险制度的结合，表明了法国的养老保险制度覆盖了所有的工作人员。此外，法国政府还为 60 岁及以上、收入水平不高、身体状况不佳等需要照顾的老年人提供一定的照顾津贴。这为老年人的生活提供了一些经济上的

---

① 顾玉清.法国应对老龄化的战略举措 [J].人才资源开发，2011（5）：62.

支持。①

21世纪初，《世界报》上刊发了一篇题为《减少人口老龄化对经济发展影响的三个思路》的文章，提出了法国应对人口老龄化的三条途径：一是在观念上，政府承认如果不积极应对人口老龄化问题，将对经济和社会产生很大的负面影响，为此应采取必要的宏观调控措施，以降低人口老龄化对经济发展的影响。二是政府应在稳定债务的基础上，将退休年龄延长至70岁。三是为了阻止企业随意解雇老年员工，对其给予各种奖励和补贴。

2.开展了一系列与人口老龄化或老年人有关的理论研究

在法国，老年学领域的研究首先是从医学和疾病学方面开始的，后来发展到自然科学、社会科学等十多个学科。除此之外，法国政府还成立了多个与人口老龄化有关的机构，开展一些相关的培训活动，在此基础上，通过网络、媒体等渠道大力宣传其研究成果。人口老龄化背景下促进再就业，减轻国家和社会养老的压力，是必要和可行的，尤其是对于贫困老年人来说，再就业对增加他们的收入、改善他们的生活、维护家庭和谐起着重要的作用。与此同时，老年人再就业也是继续发挥自身余热、实现个人最高价值的需要。因此，采取各种措施鼓励、支持和引导老年人再就业，不仅关乎他们生活质量的改善，对于老年人参与社会发展、分享改革和发展的成果、应对老龄化危机、促进社会可持续发展而言，也是一个有效的方法。

3.为不同的职业和职位设定不同的退休年龄

中介机构、网络平台和招聘会无法提供适合老年人的工作。缺乏信息交流平台，劳动力供需不匹配，成为老年人难找工作的主要原因。为此，法国政府建立专门的老年人人才市场，组织招聘会，提供中介服务，及时向老年人传达就业信息。具体包括：建立人才数据库，为企业推荐合适的老年人；增加中介机构的数量，加强沟通，实现老年人力资源供给与社会需求的双向选择，减少结构性失业；为老年员工提供弹性工作时间，将老年人的工作时间分为空闲时间和核心时间，通

过灵活的就业时间分配来缓解老年人在工作上的压力，提高老年人的工作效率；积极发展适合老年人的相关产业，创造适合老年人的就业岗位，这样可以与其他适龄劳动人口的薪酬、岗位、劳动年龄人口形成互补。

4.健全劳动保障制度

法国政府支持老年人再就业，通过法律、法规保障老年人的就业权益。例如，在劳动法规中增加适合老年人再就业的相关规定，建立老年人仲裁制度；商业保险机构通过规范的方式分担用人单位雇用老年人的风险，消除老年人就业的障碍。

在促进老年人再就业的过程中，政府不应大包大揽，而应发挥引领作用，引导市场在资源配置中发挥基础性作用，共同携手解决老年人再就业问题。

法国政府还设立专门的老年人协会，管理各地区老年人的有关工作。老年人协会代表老年人的利益，主要针对退休老人。在工作中，老年人协会不仅答复了政府的许多相关咨询，还向政府反馈了很多信息。而且，老年人协会的会员代表也可以借调到政府有关部门工作，使双方之间的关系更为密切。双方的关系对老年人力资源开发更有针对性和有效性。

综上所述，法国政府在应对人口老龄化方面的经验值得我们借鉴。首先，在法国人口老龄化问题并不特别突出的情况下，法国政府将退休年龄从20世纪80年代的65岁降低了5岁，也就是60岁。这给当时的人们带来了一些好处，特别是缓解了年轻人的就业压力。后来，社会福利对财政的压力逐渐加大，当政府想通过推迟退休年龄来解决这一问题时，却遇到了各种阻力。其次，法国政府采取鼓励生育、引进移民等方式增加劳动力供给的做法并不适合中国。即便是中国现在放开了二胎政策，人们也不再秉持原有的生育观念，没有造成出生人口的大幅增加。而且，只有那些技术密集地区才需要更多外来优秀人才，还需要优厚的待遇才能吸引人才，这些都需要一定的经济发展条件来支撑。由于中国还是发展中国家，经济基础较为薄弱，所以吸引移民的能力较弱。

5.2　经济大国——美国

美国开始进入老龄化社会的标志是 1942 年 65 岁以上老年人口占比达到 7%。1972 年，美国 65 岁及以上的人口比例达到 10%。到了 2000 年，这一比例已达到 13%。至 2020 年，美国 65 岁及以上老年人口比例预计将达到 17%。[①]然而，随着人口老龄化的发展，美国一直具有这样的优势：虽然老年人口的比例在不断提高，但它却有一直处于世界领先地位的经济发展水平。根据世界银行发布的《世界发展报告》，美国在 1998 年的 GNP 为 8 351 亿美元，是高收入国家平均水平的 3.6 倍，位列世界第一。按人均 GNP 计算，1999 年达到 30 600 美元，比 1998 年的 29 340 美元多 1 260 美元，比高收入国家平均值高出 4 870 美元，位列世界第八。美国基本达成了人口老龄化和社会经济和谐发展的基本目标。

5.2.1　美国老年人力资源开发概况

从目前来看，在美国，老年工作人员不仅没有受到歧视，反而深受就业市场欢迎。

年纪大的工作人员在美国的零售业、医疗保健和一些服务业中逐步增多的趋势越来越明显。例如，美国的沃尔玛有 140 多万名工作人员，在这些工作人员中，55 岁以上老年人高达 22 万人，占人员总数的 15.71%。此外，位于美国波士顿市郊、已有 70 多年历史的 NIEDM 制针厂是美国一家小型知名的家族工厂，这家工厂的显著特点是工作人员的平均年龄已经达到 73 岁。除此之外，美国戴斯酒店集团销售部年纪在 55 岁以上的工作人员大约有 150 人。在教育行业，美国很多教育机构，特别是东南地区的教育机构，都愿意聘请有经验的老教师。美国的一些超级市场、饭店和零售店等原来属于年轻人从事兼职工作的地方，现在也都有老年人的加入。根据美国退休人员协会（AARP）的调查，有大约 70% 的中年以上的人在退休后想要一直工作下去，其中以收入为主

[①]　韩树杰. 美国老年教育的成功经验及其启示 [J]. 湖南大学成人教育学院学报，2006（2）：52–55.

要目标的比例高达75%。从1994年到2004年，美国老年男性人口再就业率在短短10年内上升了6个百分点，达到33%。当然，这个数字主要针对65～69岁的低龄老年男性人群。对于这一年龄组的女性工作人员，就业人数也大大增加，就业率上升了5个百分点。在美国劳动力市场上，老年从业者不再被年轻从业者看不起，反而成为新的宠儿，其原因主要在于，老年人的工作比年轻人更稳定，不像年轻人那样频繁地换工作。在美国，年轻人经常跳槽以追求自己的最佳价值观。据统计，在美国零售业中，不包括临时工的正式员工跳槽率高达60%，而50岁以上的老员工跳槽率很低，仅为30岁以下员工的1/10。因为大多数老年人选择再就业，不像年轻人那样是对利益和职位的追求，老年人更希望实现自身价值，是退休后不甘于寂寞的表现。所以，他们不会特别在意工作中的工资数额，而是愿意多关注企业和社会的地位，创造更多的价值，这样他们就有更好的机会更好地完成工作。

因此，总体来说，美国的老年从业者已经变成劳动力市场上新的受宠者。重返职场不仅丰富了老年人的晚年生活，减少了老年人的孤独感，而且增加了老年人的物质收入，这是一种"双赢"局面。对于企业来说，最重要的是节约劳动力成本，增强竞争力。正如一些专业人士所认为的，在不久的将来，人口老龄化会成为一种全球化的趋势，老年人力资源的开发将成为未来经济平稳运行和社会健康发展的有力保障。

5.2.2 美国老年人力资源开发过程中的对策与措施

如上所述，最近这些年，在美国劳动力市场上，老年从业者已经从最开始的被瞧不起变成现在的新宠儿，除了因为各个行业不再用原来的眼光看待老年人外，还有一个非常重要的原因，那就是美国非常重视年纪大的人的教育问题。实际上，当今社会美国年纪大的人受教育程度并不高，因为美国在早期并没有真正实施义务教育。据调查，17%的老年人不会写字。此外，大约有一半的老年人没有顺利完成高中学业，仅有28%的老年人上过高中，而上过大学的老年人更是少之又少，仅有5%。年纪大的人受教育程度总体较低，加上美国教育没有年龄限制，因此非常多的年纪大的人在结束工作以后继续回学校深造。所以，美国年纪大的人的学习需求是由美国成功的老年教育来满足的。

1.积极发展老年教育

1949年，美国教育联合会就成立了老年教育委员会，其后来被并入美国成人教育协会。老年教育委员会极大地推动了美国老年教育的发展。1976年，《终身教育法》的通过，是美国用法律形式保障老年人受教育权利的标志。另外，还有一种老年教育在美国非常普遍，就是社区老年教育，随之兴起的便是老年寄宿学校。美国老龄管理局还赞助社区学院开展各种老年教育活动。

（1）与老年教育相关的组织和机构

在美国，推动老年教育的主要是社区组织和非营利组织。例如，老年人寄宿的地方、退休学习会、老年人服务和信息中心、老年人网站、慈善中心、老年人志愿社区服务和教育中心等。地方政府在全国建立了15 000个可以得到联邦政府和州政府部分补助的老年社区中心；全国有1 200所社区学院可以给老年人提供不收学费的课程；政府创办的大学只要有位置，可为62岁及以上老年人免费注册。此外，还有一些课程是为网络学习而设计的，市场化、多渠道的老年教育项目不断增加。

（2）终身教育制度的完备和有关老年教育法律、法规的保障

1976年，《终身教育法》作为世界上第一部成熟的老年教育法在美国颁布，这部法律规定，各个州应建立多用途的老年中心，开展身心健康、社会服务、营养教育以及休闲活动。美国政府采取中央集权的管理方式管理各地区的老年中心。美国老龄管理局则是全美级别最高的老年事务管理机构，政府以此来统一管理全国各地的老年中心。现在，美国有大约2万个老年中心，它的经费来自联邦政府、州政府和当地政府以及学费。虽然每年用于老年中心运营的经费都会增加，但实际操作中还是会捉襟见肘。即使老年人所学内容与再就业之间的关系不明显，政府也不会放弃，它们会给予老年人相应的生活费补贴，并鼓励老年人学习与再就业有关的项目，为他们将来走向工作岗位奠定基础。

（3）社区学院——美国社区服务模式的代表

社区是指由居住在某一地方的人们结成多种社会关系和社会群体，

从事多种社会活动所构成的地域生活共同体。这里的成员都清晰地知晓彼此，相互作用或有共同利益，行使社会职能，创造社会规范，形成独特的价值体系，所有成员通过家庭、邻里和社区融为一体。从这个意义上讲，社区成员由于生活在一定的地域范围内，有着共同的利益、目标甚至价值观，所以关系十分紧密，就算成员之间出现了利益上的冲突，也能够在其他方面把它解决掉。可以说，老年人的各种需求可以通过社区养老服务反映出来。

在美国，每个社区都可以分配到教育资源。社区学院的资源配置规模大、效率高，使得它能够经久不衰。社区学院在美国的教育体系中有着非常重要的地位。目前，美国拥有近 1 200 所社区学院，每个州90%以上的居民都能在离家 25 英里内找到一个社区学院。从社区学院的数量和布局上看，这一覆盖范围能够充分保障美国各地年轻人和成年人的教育需求。

社区学院的资金来源主要有三种途径，即国家拨款、地方税收和学生学费。其中，国家拨款是主要的资金来源，但这三种资金在不同地区、不同时期所占比例不同。联邦政府提供了其中大约5%的经费支持，并且近些年来加大了对社区学院的经费支持力度。一方面，政府方面提供的经费支持既保证了政府对社区学院管理的有效性，保证了社区学院的发展不脱离当地社区发展的需要，同时也保证了低收费。社区学院的学费水平一般相当于公立大学学费的50%左右，相当于私立大学学费的10%左右。低收费有利于社区内中低收入家庭的学生接受高等教育，也有利于成人职业教育和高等教育的推进和普及。

1965 年颁布的美国《高等教育法》，让非常多的人不再为社区教育的费用而发愁。1973 年颁布的《美国老年人法》修正案，大力支持社区学院为老年人提供免费课程，以确保他们得到教育机会和资源。老年人作为社区内的重要群体，既参加了社区学院建设，又从中获得了好处。社区学院的课程对所有人开放，老年人可以选择他们需要和喜欢学习的课程，仅需支付较少的学费。

此外，社区还开展生活技能、健康知识、基础知识等方面的培训，通过教育问答、小组互动、创造实践等方式丰富老年人的个人生活，充分发挥老年人的价值。这些经验对于我们来说都是非常可贵的。

2.美国的退休制度

美国开创了老年人延迟退休制度的先河。1924—1937年美国的法定退休年龄是65岁，从1938年到1942年，每多一年便推迟两个月。美国于1935年通过的《社会保障法》规定，领取全额社会保障福利的年龄为65岁，该年龄随后被逐渐增加到67岁。①美国退休政策的设计特点是灵活性较强，由于很早就废除了强制退休政策，因此在美国，老年人的退休行为越来越模糊。年纪大的人工作、退休、复工、重复退休现象逐步增多；同时，过渡性退休行为也在增多，半退休人数正在上升。

为了推行延迟退休，美国政府采取了相应的激励政策，如灵活设计退休保障水平。也就是说，符合相应退休年龄的，在条件允许的情况下，可以适当延长实际退休年龄。正常退休的社会养老福利保障为100%。如果老年人选择提前退休，那么他的社会福利水平将低于100%；相反，如果一个老年人选择延迟退休，那么他所得到的社会福利水平将高于100%。但并不是所有人都可以一直延迟退休，选择延迟退休，相应的年龄也是有限的，即70岁是延迟退休年龄的最高限制。

随着弹性退休制度将退休年龄从65岁逐步提高到67岁，美国老年人力资源得到了更大程度的开发利用。

3.美国老年人退休后的社会参与

根据1981年哈里斯民意调查，有80%的即将退休的老年人希望退休后继续工作。当然，继续工作的内容包括全职和兼职，这意味着美国大多数老年人在身体条件允许的情况下，会通过各种方式选择继续就业，即退而不休。对于65岁及以上的老年人来说，他们大多从事兼职工作。这些老年人有的参与有经济报酬的工作，有的参与环境美化、社区建设等公益活动。参加公益活动的人虽然没有获得报酬，但他们发挥了自己的技能，传递了自己的爱心，不仅为社会做出了贡献，也为实现自己的晚年幸福做出了贡献。

在增强退休制度灵活性的同时，美国非常重视通过相关制度的激励

---

① 林义. 美国的退休年龄怎么规定 [J]. 人力资源开发，2009（12）：9.

设计来指导老年人继续主动工作。其中，社会保障制度和税务调查制度是为了确保美国有更多的老年人继续参与工作的重要手段。在社会保障方面，美国实行延迟退休信贷制度，适用于 70 岁以下正常退休年龄的人。根据美国的社会保障制度，延迟退休将 1943 年及以后出生的人的社会保障福利提高 8%。此外，美国的雇主养老金计划鼓励了更多老年人加入。近年来，美国的雇主养老金制度使一些美国老年人不得不自己选择延迟退休。另外，美国的医疗保健和员工健康福利社会保障制度改革实际水平的缩水，也造成了老年人延迟退休现象的增多。

4. 促进老年人才开发的效果

美国促进老年人才开发的实践取得了良好的成效，20 世纪 90 年代美国高级劳动者劳动参与率的上升凸显了这一点。1990 年美国老年人口劳动参与率达到 68%，而 65 岁以上的人口劳动参与率在 1990 年达到 16%，2010 年增长到 20.5%。女性劳动参与率也开始上升，2002 年美国 65 岁以上人口中的女性劳动参与率为 12%，2010 年为 12.9%。

美国努力促进老年人才发展，虽然没有遵循斯德哥尔摩和巴塞罗那的目标以及欧盟制定的战略规划路径，但因为其高度灵活的设计和充分的经济激励政策，美国的中老年职工积极工作到退休阶段。不仅如此，美国劳工统计局（BLS）预测，未来美国老年人的参与率将继续提高。

5.3 世界上最后一个步入老年型的发达国家——日本

5.3.1 日本人口老龄化概况

日本是世界上人口老龄化程度最严重的国家之一。日本不仅面临人口老龄化的挑战，人口高龄化的趋势也十分明显。2010 年，日本 65 岁及以上人口占总人口的 22.5%，人口的平均年龄和中位年龄都是 45 岁。1970 年，日本 65 岁及以上人口占总人口的 7%，进入老龄化国家行列，成为发达国家中最后一个进入老年型的国家。虽然进入老龄化社会比任何一个发达国家都晚，但是日本只用了 24 年的时间老年人占比就达到了 14%。2005 年，日本已成为世界上老龄化程度最高的国家。到 2010

年，60岁及以上的日本人口占比高达30.5%。此比重高出意大利4个百分点，高出法国7.5个百分点（如图5-1所示）。当时，意大利老龄化程度位居世界第二，法国老龄化程度位居世界第三。[①]

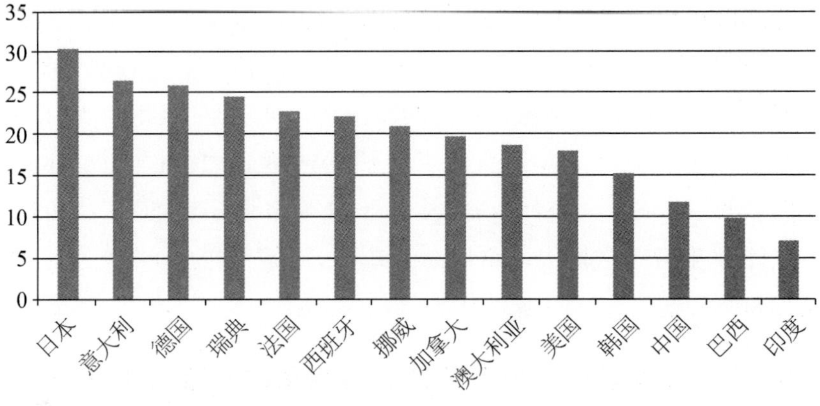

图5-1 2010年世界部分国家60岁及以上老年人口比例（%）

2010年，日本65岁及以上人口占比为22.5%。根据世界人口中心的预测，2020年这一比例将达到28.4%，2030年将高于30%。到2045年，这一比例将增加至35%。由于日本医疗条件和生活条件的改善，以及饮食和生活习惯的合理化，日本已成为世界上人均寿命最长的国家。根据《国际统计年鉴2011》，2009年日本的人均预期寿命为82.6岁，而当时的世界平均预期寿命为69岁。高预期寿命不仅会导致人口金字塔顶端的人口老龄化现象，还会导致老年人口老龄化现象。日本80岁及以上老年人口占总人口的6.3%，这个数字远远超过世界平均水平1.5%、亚洲平均水平1.1%、中国平均水平1.4%。此外，这一比例也高于欧洲4.2%的平均水平。到2010年年底，日本80岁及以上人口占老年人口的17.4%。据估计，欧洲国家和发达地区这一数据的平均水平仅为10%，亚洲国家和世界的平均水平仅为5%。

老龄化带来的问题越来越严重，各个国家也越来越重视这个问题。面对严峻的人口老龄化危机，日本有着与其他国家不同的关注点。为充分利用本国的老年人力资源，日本1971年颁布《关于稳定老年人就业

---

① 金易. 人口老龄化背景下中国老年人力资源开发研究 [D]. 长春：吉林大学，2012：50-72.

的法案》，通过补贴促进老年人就业。也就是说，日本意识到了老年问题，并且找到了解决方案，那就是促进老龄人口再就业。日本政府也进行了一定的调控，日本社会老龄化委员会和人寿保险文化中心发表了一份关于老龄化社会基本问题的研究报告，指出退休基本年龄可以确定为65岁。报告根据日本人的三大特点——工作热情高、向往高等教育、身体基本无任何疾病，指出在可行的情况下，可以提高工作年龄。特别是脑力劳动者，其劳动年龄可适当延长至70岁。[①]2004年，日本通过《老年劳动法修正案》，将劳动者法定退休年龄延长至65岁。2005年5月，日本厚生劳动省提出，希望继续在社会上工作的70岁老人比例可以达到80%，这是日本的生命力之一。

5.3.2　日本老年人力资源开发与利用的政策与措施

20世纪70年代，日本等发达国家面对老龄化，实施了积极的老年政策，其根本目标是促进老年人就业：①企业中老年职工必须达到相应的比例。②建立奖赏制度，提高老年人的工作积极性，同时也会对企业进行奖励。③对65岁及以上的老年人推行可持续就业的方针，而针对55~64岁的老年人提供培训补贴。④为45~64岁的雇员提供带薪休假的雇主将获得"帮助老年人找到工作补助金"。此外，用人单位还将得到"特殊求职者职业发展津贴""中老年人急需职业发展津贴"等。⑤通过改善工作条件，保障良好的就业环境，促进老年人积极再就业补贴、老年人无障碍工作场所补贴和改善老年人工作场所贷款的发放等。⑥建立选拔制度，优胜劣汰，组成退休专家组，实施专业援助。

具体来说，日本政府采取的举措包括：

（1）对延迟退休年龄进行立法

日本推迟退休年龄的政策是分阶段实施的，采取的是立法形式。为避免对雇主产生强烈影响，日本政府采取下发建议（指导性文件）和禁止（规定性文件）两种方式。从2006年4月开始，为了确保老年人到65岁为止能得到稳定的雇佣机会，日本政府规定企业必须在提高

---

① 沈安，黄成飘，朱胜利. 不老之路——海外老龄大观 [M]. 北京：中国经济出版社，1991：44-82.

退休年龄、引进继续雇佣制度、废除退休制度三项中选其一。规定65岁退休是因为男性第一层养老金（基础养老金）的给付是从65岁开始的。到2013年4月1日为止，日本政府阶段性地提高退休年龄，最终将男女退休年龄提高到65岁。

（2）加强劳动力市场年龄歧视治理

日本还在应对劳动力市场对老年人的歧视方面做了很大的努力，主要包括以下几个方面：①1966年通过《雇佣对策法》，并于2001年和2007年进行了修订。②制定《老年人再就业法》，促进老年人再就业。③1986年通过并实施了《老年人就业稳定法》，并分别于2004年、2012年和2013年进行了修订。④1985年通过了《平等就业机会法》，1997年进行了修订。⑤1995年制定了《老龄社会战略基本法》《高龄社会对策大纲》。

此外，日本政府还实施了老年人可持续就业资助制度。老年人可持续就业资助制度主要针对60～64岁的老年人。如果他们再去工作，低于退休前工资的85%，他们可以得到相当于新工资25%的就业补助金。事实证明，这一制度虽然激励了老年人再就业，给了他们一定的动力，但也在一定程度上加重了政府的经济负担。因此，2003年以后，日本政府对该制度进行了调整，以减轻政府负担。修改后的资助制度是：如果再就业工资低于退休前工资的75%，可获得低于新工资15%的就业补助金。

（3）发展老年教育

日本是第一个人口进入老龄化社会后劳动力短缺的国家，因此其老年教育十分发达，十分重视老年人力资源的开发利用。日本中央政府成立了中央教育审议会，作为主要教育政策的审议和决策单位；地方政府设立终身学习局作为促进单位；市村一级负责设立终身学习的机构。日本的老年教育有很多渠道，如福利部门推动的老年教育、教育行政部门推动的老年教育、学校教育的开放、成人参与机会的扩大等学校教育和学校设施的开放。1999年，政府开始建立广播大学，提供全国公立、私立大学中具有特色的课程。

福利部门（卫生福利部门）设立老年大学，教育行政部门（文化部门）设立老年教室和老年人长寿学院，鼓励老年人参加继续教育。同时，通过都道府县教育委员会，与市村、高等学校、民办教育机构建立协调机制。老年教室是一种非常日本化的老年教育方式，通常设在各地的市政厅、学校、福利俱乐部等场所，每个教室能够容纳20~50名学生，开展休闲、娱乐等活动，参与者主要是65岁以上的老年人，他们每年学习20多个小时。

（4）其他方面

日本促进老年人才发展的其他举措包括：①充分发挥妇女在老年人才发展中的重要作用。日本女性人力资源一直是国内劳动力市场的"蓄水池"。随着老龄化的加剧，日本开始有意识地加强劳动力市场的性别平等建设，吸引更多的老年妇女参与劳动。其表现形式是：1985年通过并于1997年修订了《男女平等就业机会法》；1999年颁布了《男女共同参与社会发展法》。②设立了平等机会管理委员会，处理劳动力市场中有关年龄歧视的争议。③老年人才激励制度，包括老年人可持续就业资金制度和老年人创业激励制度。④提出"终身"职业能力发展的理念，支持劳动者职业能力发展；实行教育培训费补贴制度，由政府对准老年人和老年人的再就业教育培训进行补贴。

5.4　其他国家的经验

5.4.1　发达国家

1.英国

英国的年龄多样性教育活动主要包括以下几个方面：①1993年，英国发起了"迎新"运动，旨在引导雇主认识到招募老年人的价值；②英国政府较早开始在国内出版年龄多样化实用手册，并禁止在正规就业中心的招聘广告中设置年龄上限；③1998年，英国政府发布了年度关键指标，以确保老年人在劳动力市场中的地位；④2001年，英国建立了年龄职位网站，为雇主提供个案研究、咨询和指导，以促进老年雇员的就业；⑤2001年，英国政府成立了一个年龄咨询小组，随后成立了一个年龄工作队。

关于老年人的就业和劳动参与问题，21世纪初在欧洲层面达成了协议，欧盟在影响国家层面的公共政策方面发挥了重要作用，其中最重要的是欧洲关于平等权利的指令、巴塞罗那和斯德哥尔摩的目标。英国是积极遵循老年雇员制度安排的国家之一。1999年，英国出台了《就业年龄多元化行动准则》，但这是一份法律约束力较低的指导性文件。2006年以前，英国完成了欧洲平等待遇指令的合法化任务，制定了自己的反年龄歧视法，即《平等就业（年龄）条例》，并于2006年10月1日生效。根据这项法律，就业和职业培训中的年龄歧视（包括工资和养老金）是非法的。2010年，英国通过立法，将退休年龄从65岁延长到66岁。

2.德国

德国社会保障的调整包括以下内容：①提高养老金领取年龄限制；②以部分退休代替提前退休；③削减老年人福利水平，对退休后工作提供经济激励。

除此之外，它还制定了积极的劳动力市场政策。

（1）积极促进就业

在不同时期，德国的努力包括以下形式：①为老年人提供临时工作。②促进个体经营，提供"过桥津贴"。③2002年，德国成立了现代劳动力市场服务委员会（又称哈茨委员会），提出了德国劳动力市场的全面改革政策。委员会规定，55岁以上的失业人员就业的，可以免交失业保险费的3.25%。④落实老年人就业支持政策，包括老年人补贴、老年人计时工作支持制度、离职通知期制度等。⑤德国还对雇员实行工资补贴制度，包括一般补贴和与年龄有关的补贴，这些补贴会支付给招募50岁以上雇员的企业。⑥实施"50岁以上再就业计划"，资助62个地区的创新项目。

（2）职业能力发展措施

德国的职业发展能力放眼全世界都是最好的，有各种促进职业培训的方法，包括短期培训、中期培训和长期培训。德国在这方面的努力包括：①2002年生效的《工作活动法》中规定，如果中小型企业对50岁及以上的工作人员进行职业培训的话，政府将给予其一定的经济奖励；②实施测试和短期培训措施，对求职者的求职意愿进行测试，同时考虑对其进行短期培训和试用期培训；③实行职业资格证书制度；④开展"老年大学开放"活动。

并且，德国以其老年专家开发活动而闻名世界。老年人才培养平台包括：①早在1983年就成立了老年专家荣誉服务局。到1989年，登记在册的老年人达到2 000人，平均年龄63～64岁。②多主体协同推进引进退休人员出国就业工作。目前，这一领域主要有三大主体：联邦劳工局下属的市政分支机构、海外工作的私人中介机构（1 000多家）、德国退休专家组织（SES）等公益组织。

5.4.2　发展中国家

许多发展中国家的老年人口占比还未达到老龄化程度，但是由于社会经济体制的影响，老年劳动力的参与程度已超过发达国家。他们中的许多人继续努力提高经济收入，特别是在一些非洲国家，半数以上的老年人仍在从事经济活动。

第6章 老年人力资源开发模式分析

模式分析，是对真实事件、事件之间的关系，以及其内在机制进行简单直观描述的一种方式。本章要分析的是老年人退休之后再就业和不再就业之间的关系。它包括两种类型：结构模式和功能模式。这种分析对事件的理论描述用了一种简化模式，能够让人们更加清晰地了解事件的整体轮廓和核心信息。它集构建、解释、启发、预测等功能于一体。老年人力资源开发模式的设计对我们来说是一项非常复杂的系统性工程，老年人力资源开发模式的优劣也会对老年人力资源的开发效果产生重大影响。因此，我们要构建科学合理的老年人力资源开发模式，这样才会使开发的老年人力资源有效并充分发挥作用。

6.1 老年人力资源开发主体

随着我国人口老龄化程度的加剧，老年群体已经是一个越来越大的社会群体，所占比例也越来越高，他们自身的价值也越来越明显。我们要合理开发、利用老年人力资源，这样不仅可以增加我国在财政方面的收入，并且能够为社会创造更多的财富，也是老年人实现自身价值的有效途径。要实现这些目标，首先要做的就是要在开发老年人力资源方面进行大力投资。在老年人力资源开发的过程中，政府、社会各界、老年人自身以及企业是重要的参与者，决定着老年人力资源开发的深度。

6.1.1　政府

21世纪是知识经济时代，人力资源是经济发展的主要资源。劳动力素质水平是区域经济发展的主要竞争力。因此，政府需要调整财政支出结构，增加对教育的投资，增加对人力资本的投资，从而在劳动力有限的前提下能够有效地提高劳动者的生产力。此外，还应该建立老年人力资源的价值评估、使用管理和维权体系。老年人力资源的开发必须在政府的领导下进行，否则会导致人力资源市场混乱的现象发生。因此，政府在老年人力资源的开发中起着重要作用，我们需要完善就业制度，建立统一的城乡和地区之间的劳动力市场供需网络，充分利用劳动力资源，促进区域经济的快速发展。对正在发展过程中的老年人力资源，政府需要引导人力资本支持老年人的长期发展，支持老年人力资源带来的溢出效应；对于老年人力资源在开发过程中可能会造成市场混乱的现象，需要政府出面进行调节。在一些老龄化国家，政府在其中发挥着特殊的作用，履行着特殊的职能，这是企业和老年人自身所不具备的。

6.1.2　社会各界

现在社会各界对老年人再就业或多或少都存在着一定的偏见，这些错误观念是必须要改变的。我们要尊重老年人再就业的选择，并且要重视老年人所能实现的价值。老年人才不仅有过硬的专业知识和专业技能，还有丰富的工作经验和渊博的知识结构，所以开发老年人力资源不仅是时代的要求，而且对于中国的经济发展来说具有非同寻常的意义。

在开发老年人力资源的过程中，社会各阶层都应该认识到老年人力资源是我国国民经济发展和社会稳定的重要组成部分。所以，社会各阶层都应该进行大力的宣传和引导，一起为老年人再就业创造一个良好的社会环境。通过对退休后再就业和不再就业的老年人进行对比可以发现，退休后选择再就业的老年人与外界的沟通更广泛、更积极，这样不仅避免了老年人在退休后会产生的各种消极心理，还有益于老年人的身心健康。从这里我们就可以看出，老年人再就业的价值不仅在经济上有所体现，在其他方面也有诸多好处。

6.1.3 老年人自身

退休后的老年人选择再就业，虽然不需要做很艰苦的工作，但是，退休前后的生活对比会让老年人产生强大的心理落差，有些老年人会因为在退休后不能再体现自己的价值，或者因为身体不太好而需要子女照顾，心里会很乱。所以，老年人在退休后要对自己的心理状态进行调整，如果调整不好，不但会影响自身的健康，也可能让他们对生活失去信心。老年人在退休后与外界的联系变少，生活圈子变小，他们的生活中就会少了很多有趣的事，种种变化可能会导致老年人出现各种疾病，给他们带来很大的伤害。调查数据显示，退休后的老年人再就业不仅不会对他们的健康产生危害，相反会有益于他们的健康。由此可以看出，对老年人力资源进行积极开发和利用，从老年人的角度来看，可以让他们更加快乐，生活变得更加多样化，促进他们的心理健康。

6.1.4 企业

人口老龄化是世界各国都面临的一个严重的社会问题。同时，人口老龄化也是21世纪世界人口发展的一个主要方向。中国是一个人口大国，近年来，随着社会经济的快速发展，人民生活水平不断提高，老年人的寿命越来越长。老年人口增长迅速，老龄化程度越来越严重。在如此严峻的形势下，国家必然会出台许多有利于老年人力资源开发的政策。企业可以借此机会，开发、利用老年人力资源，缓解人才供给不足的问题。需要注意的是，企业应该认真考虑老年人的生理特点，对老年人力资源进行合理的开发、利用，并且应该着重强调老年人的工作优势，如技能、服务年限和工作熟练度，由此对职位进行具体的设置。

可以看出，企业最重要的工作是考虑怎样为老年人设计相应的岗位和怎样支付老年人的薪酬，以及怎样为再就业的老年人进行培训。

6.2 老年人力资源开发结构困境分析

6.2.1 老年人力资源开发的文化困境

由于受到历史、社会、经济等多方面因素的制约，我国老年人口的整体文化素质较低。特别是在改革开放之前就已经达到30岁左右的人，很多都有旧思想和文化意识不强的特点，对自己的要求很低，没有受过任何文化素质教育，仅靠简单的生产技能谋生，较低的劳动技能已经无法适应新的工作要求。

自20世纪50年代中等教育不断普及以来，我国老年人的教育水平逐步提高，这在老年群体中得到了体现。在经济和社会快速发展的珠江三角洲地区，部分老年大学是政府出资直接创建的，还有一些老年大学是各级社会组织、企业通过筹集资金在企业内部或社区创建的。然而，在经济不发达城市，由于每个城镇（街道）的空间和教师有限，所以入学的人数就有限，这让许多老年人感到失望。例如，某地有20多个老年大学（包括老年干部活动中心），但受教学条件限制，当地只有不到6%的老年人能够接受教育，94%以上的老年人根本无法接受相关教育。由于管理上的问题，一些老年大学根本不具备"为老年人学习服务"的运行条件，有欺骗群众之嫌，产生了恶劣影响。还有一些老年教育机构教学质量虽好，但周边的交通并不发达，给想来学习的老年人带来了诸多不便，老年人的学习热情因此被打消。

随着中国人口老龄化进程的加快，老年人力资源开发工作越来越迫切。一方面，受传统儒家文化的影响，中国人尊老爱老的思想已经根深蒂固；另一方面，在经济快速转型的浪潮中，中国也同时在经历着农业文明逐渐被工业文明摧毁的过程，老年人逐渐被边缘化。在这两个方面的影响下，老年人力资源开发在文化方面的困境主要表现在：一是随着经济、社会的快速发展，医疗技术的进步，老年人的寿命得到了延长，再加上深受儒家文化的影响，人们总是认为老年人就应该颐养天年；二是由于社会发展和经济结构的变化，老年人对传统文化的敬慕和崇拜逐渐下降。也就是说，随着人口老龄化的发展，经济方面、政治方面、文化方面也在进行着转型和发展，将老年人推到了社会的边缘，使老年人逐渐转变为社会中的"弱势群体"。①因此，说到老龄化，人们并没有因为长寿而产生强烈的幸福感和喜悦感，反而产生了更多的"包袱"感。所以，能否顺利开发老年人力资源，社会观念转变是一个很重要的因素，这主要取决于各方的共同努力。

6.2.2 老年人力资源开发的政治困境

实现平等社会目标的政府政策必须着重解决对包括老年人在内的所有公民的社会保护和支持问题。但在目前，我国在开发老年人力资源的法律、法规方面存在着很大的限制性和滞后性。此外，我国的退休制度长期以来都是女性的退休年龄早于男性的退休年龄，这是对女性在晚年工作机会的剥夺，对女性获取经济收入、实现自我价值是不公正的，这种情况严重限制了女性老年人力资源的开发。针对老年群体的政策、法规的全面实施，在一定程度上促进了老年人事业的发展。但是，实际上很少有涉及老年人自身的专门政策，如老年人社会参与的方式、素质教育、教育政策等，具体实施方案只能是纸上谈兵了。"老有所为"没有得到预期的尊重与奖励，老年人力资源的价值评价、使用管理、权益保障体系还有待建立。例如，许多老年协会是在新农村建设政策的推动下建立的，但到目前为止，在法律层面还没有明确的定型和表述。老年协会作为基层积极应对老龄化的重要载体，需要规范管理，发挥其在老年人力资源开发中的重要作用。

---

① 谢尔马赫. 老寿星的密谋：长寿社会的挑战及其应对策略［M］. 刁晓瀛，译. 上海：上海社会科学院出版社，2006：3-50.

老年工作委员会办公室，在老年人力资源的开发方面几乎没有作为，对老年人力资源的利用也没有计划；城镇（街道）政府虽然是老年人力资源开发、利用的执行者，但也一直未能独立开发和利用老年人力资源，只负责政策、法规的发布，以及对单一活动的片面宣传，没有具体的改进措施。一个领导部门无法做到统筹协调，就会导致社会和市场的巨大力量无法发挥和巨大的资源浪费，更有甚者，有很多老年人想做事情却无从下手。由于相关工作缺乏及时落实，老年人力资源无法转化为社会财富，导致人才极度浪费。

在制定人力资源政策的时候，必须保证政策的统一性和连续性，根据老年人的不同特征，制定相应的政策，以满足不同层次老年人的不同需求，确保任何老年人力资源开发都是基于自愿的，避免以往人力资源开发过程中使用的权宜之计。

6.2.3 老年人力资源开发的经济困境

我们所处的世界是一个全球化的世界，所处的社会是一个开放型的社会，伴随着信息技术的快速发展和网络化时代的到来，人与人之间的距离越来越近。在这种时代背景下，随着身体机能的老化，老年人的家庭结构和老年人自身的心理重心也在发生变化。

应该说，经济发展的规模和水平是影响就业的根本原因。为了解决老年人再就业问题，有必要在经济发展方面下大功夫，让现有的经济水平更上一层楼。对于我国如今的状况来说，我们要不断扩大现有的经济规模，提升经济发展水平，不断探索新的生产领域，这样才能为劳动者提供更多的就业岗位和就业机会。在步入工业化之前，世界上的人口数量相对来说还是非常少的，那时人们的生活条件远远低于工业化之后的生活条件。在工业化刚刚发生的时候，世界人口数量突然急速地增长，工业化刚好拯救了这次人口激增，为人们提供了更多的就业岗位，创造了更多的就业机会，同时也改善了人们的生活水平。科技进步大大提高了劳动生产率，给人们开辟了更广阔的生产和劳动领域，给劳动者提供了更多的就业机会。因而，在事关充分就业的关键因素中，一个是经济发展，另一个是经济水平，只有二者并存才能实现充分就业。那种把老年人工作和年轻人就业对立起来的观点，必须建立在两个不变的前提下：一是假设经济规模不变，二是假设发展水平不变。对于这两个不变来说，虽然短期内是有可能存在的，但是不可能长期存在，因为事物的变化才是永恒的，不变却是相对的。在就业机会方面，其主要方式在于个人的发现与获得，并非依靠体制安排和其他方式。

然而，我们从老年人的角度来看，他们大多都不熟悉获取信息和咨询的方式，如果孩子不在身边，就失去了给他们普及"现代文化"的条件，这会让老年人与时代脱轨。因此，伴随着信息化、电子化浪潮的快速涌来，老年人特别害怕接触陌生的新产品，再加上随着年龄的增长，老年人对学习新事物的信心越来越不足，所以会非常抵触这种信息化、电子化产品。由此可以看出，在全球化的时代背景下，老年人所积累下来的传统社会经验在这时候就显得微不足道，并不那么重要了。所谓老化，不仅包括老年人在记忆力、智力方面的减退和身体机能的下降，还有被时代淘汰自我的标志。这是老年人力资源开发的主要障碍之一。

老年人作为一个单独的个体，每个人在经济收入、文化水平和兴趣爱好方面各有不同，在需求和消费方式方面也有所不同。然而，作为一个年龄相仿的社会群体，老年人的需求和消费也有着共同之处。老年人的这种共性是人到这个年龄段所产生的共性。通俗来讲，就是人随着年龄的增长，生理条件在不断地变化，老年人会因此产生与年轻人不同的观念，比如说在物质方面以及文化方面与年轻人都有显著不同的需求。另外，老年人在离开自己的工作岗位之后，由于经济收入的下降，导致其支付能力也下降，这对市场上的供求关系以及商品的流通都会产生很大的影响。发展老年人力资源，是指"老年人可以完全根据自己的需要、愿望、能力参与社会工作"，所以，任何一个年长的人想要参与工作，可以完全按照自己的需求、意愿和能力参与，工作岗位不仅可以是正式的，也可以是非正式的。在老年人力资源开发的过程中，社会各界都必须大力支持，社会本身也必须是一个全面开放型的社会，这在中国还有很长的路要走。相关数据显示，到2050年，中国65周岁及以上的老年人数量将与目前世界上的老年人数量持平。通过分析我们可以看到，在全球化的浪潮下，老年人扮演着双重角色，既是领导者也是"受害者"，老年人力资源的发展尤为重要。

6.3　老年人力资源开发模式

6.3.1　模型设计

目前，几乎所有的人力资源开发模式都站在企业的角度考虑问题。站在企业的角度对问题进行研究，简单且直观，本质上属于企业人力资源管理的组织模式。现在针对老年人力资源的开发缺少系统的、合理的模式。开发老年人力资源不仅是政府的责任，也是全社会的责任。下面我们将对设计的一个老年人力资源开发模型进行分析。

6.3.2　模型描述

1.政府方面

在开发老年人力资源的过程中，政府扮演着支持的核心角色，包括：相关法律、法规的制定；财政支持；创造良好的舆论氛围；建立面向整个社会的信息沟通平台。

老年人力资源开发不是一个简单的项目，而是一个庞大、复杂的社会系统工程。老年人力资源的开发和利用，首先要从政府部门的角度研究如何制定老年人力资源开发政策和法规并尽快落实，形成一个有效的激励机制和实施计划。要推动实施弹性退休制度，引导人们树立正确的养老观念，呼吁社会重视老年人力资源的开发利用。为充分挖掘老年人的价值，保障老年人参与社会经济活动的权利，老年人力资源开发应纳入国家人力资源开发的总体战略中。

在人口老龄化的社会背景下，老年人力资源开发已成为人力资源开发的一个重要方面，对全社会人力资源开发都具有重要意义。此外，要特别重视对老年人事业的社会管理，大力推进城乡养老工程建设，重点抓好老年人配套娱乐设施建设。

（1）组织成立国家层面的专门针对人口老龄化的机构

我国目前还没有建立专门管理老年人力资源开发的机构。尽管老年人再就业的相关问题与老龄委、人力资源和社会保障部、民政部和其他政府机构有关，但没有一个权威机构能够综合协调管理，因而存在着管理权不明确、管理空白等问题，这使得老年人再就业问题无法得到根本解决。因此，我国政府应该建立国家层面的专门从事老龄化相关工作的机构，负责制定与老龄化有关的政策，统筹所有与老龄化相关的工作，以此为基础对与老龄化对策相关的重要事项进行审查和讨论，促进各种政策真正落实。

人口老龄化问题是我们必须解决的，我国政府应该把对这个问题的认识提升到应有高度。建议成立人口老龄化对策委员会，由人力资源和社会保障部、财政部、教育部以及老龄化研究领域的权威专家、学者共同讨论这个问题，并且负责制定相关对策来应对国家层面的人口老龄化。另外，人口老龄化对策委员会应该下设秘书处，负责协调和处理各部门之间的问题。此外，政府还应该组织并建立老年人就业指导中心，形成中央与地方政府的二元管理模式，使管理更加专业化、便捷化。老年人就业指导中心还需负责定期组织老年人和即将步入老年的人的教育、培训，为老年人再就业提供更好的岗前培训和相应的就业指导。

（2）制定战略目标，合理规划老年人力资源

目前，我国老年人力资源开发还没有完善的法律、法规作为保障，也没有合理的战略规划能够让老年人力资源的开发有序发展。人口结构的复杂性和多样化将对整个社会的发展产生了很大的影响，老年人力资源开发问题不仅关系到社会的长期稳定，而且关系到整个国民经济的长远发展。政府要做的就是制定老年人力资源开发的战略目标规划，以便更好地解决与老年人力资源相关的诸多问题。同时，我们要鼓励其他社会力量参与到老年人力资源开发过程中，形成政府主导、市场化方案相结合的发展模式。目前，《中华人民共和国劳动合同法》对劳动者的权利在达到退休年龄之后将不再给予保障，对于退休人员来说，如果选择再就业就会成为弱势群体，可能随时会面临合同被终止、薪酬被减少的

风险，由此严重限制了退休老年人再就业的热情。因此，我们需要对原有的法律、法规进行调整和修改，在保护企业利益的同时还要保护老年人的权益，这将对老年人重新就业产生积极的影响。

此外，政府还应出台相关法律、法规，为企业提供适当的"福利"，为企业聘用退休老年人提供税收减免、补贴等激励措施；针对老年人，也要在执行《中华人民共和国老年人权益保障法》的基础上，引入配套法律、法规，如禁止歧视老年人就业，以激发企业吸收老年人就业的热情和老年人就业的积极性。

（3）加快社区建设，推动老年人力资源开发

社区建设是开发老年人力资源的重要举措，通过社区建设可以密切人与人之间的联系，有助于缓解社会矛盾，助力社区工作健康发展。在老年人力资源开发方面，社区发挥的作用包括：为老年人再就业提供相关知识学习和技能培训；利用社区的广泛宣传功能发布求职信息并开办招聘会，使老年人获得更多的就业机会。目前，社区的很多功能都没有得到最大程度的开发与使用，今后应该发挥好社区的桥梁作用，使政府和居民之间的沟通更顺畅。政府可以利用社区公益组织为老年人提供更好的服务，从基本需求方面出发服务老年人，并且能够结合社会发展等多方面的需要，逐渐延伸到为老年人力资源的发展提供有力的帮助，使其成为社会发展的一股积极力量。一方面，可以由社区来组建老年人基层组织，在组建的过程中应该鼓励老年人多参与、多沟通、多分享，保障再就业老年人的合法权益。另一方面，社区工作人员还可以建立活动分队，让老年人感受到工作氛围，能够积极配合相关活动。这样，既有利于老年人的身心健康，也丰富了老年人的日常生活，从而实现了共创和谐社区。

（4）规范相应的政策和法律、法规

《中华人民共和国老年人权益保障法》规定，根据社会需要和可能，鼓励老年人自愿地、在力所能及的范围内从事有关活动。然而，在现实社会中，由于我国人口众多，年轻人就业压力较大，政府出台的一系列关于保障老年人就业的政策、法规都受到了极大的阻碍。政府只有给予科学合理的引导和必要的支持，才能保证老年人力资源开发这一庞

大而复杂的社会系统工程顺利有序地进行。政府在老年人力资源开发中起着主导作用,因此,为了合理开发人力资源,政府需要制定科学合理的法律、法规。为此,我们先要把具体的方法、步骤、目标和原则等制定出来,根据各个地区的实际情况进行修改,然后投入使用,逐步开发老年人力资源。从目前的情况来看,已经有许多政策得到补充、调整和完善,这些调整都是为了弥补老年人力资源开发中的政策空白,希望通过这些调整能够更好地开发老年人力资源。21世纪初,人力资源和社会保障部为了让老年人能够再就业,开展了一系列的活动,并结合其他部委联合行动,为老年人再就业提供了更广阔的舞台。

2.企业方面

(1)制定与企业经营战略相结合的人力资源战略规划

人力资源战略规划是企业战略规划的一部分。如果不考虑其他因素的影响,现有员工的退休延迟会降低对新员工的需求,这要求企业更加注重人力资源战略规划的合理性。

建立完善的人力资源战略体系,企业首先要做好的就是人员的招聘与甄选工作。近年来,伴随着人口老龄化的加剧和人口红利的消逝,许多公司在补充高技能人才的时候不得不考虑老年人力资源规划问题。需要指出的是,在招聘过程中,有过硬的专业技能和丰富工作经验的求职者往往会被优先录用。对于企业来说,有工作经验的劳动者为他们节省了培训成本,而企业看重的这一点对于老年人来说是非常有利的。

(2)提高招聘的有效性

延迟退休年龄给企业带来了巨大的成本压力,为了缓解这种状况,企业的人力资源部门应该在尽可能控制成本的前提下,尽量提高招聘的有效性。"80后"和"90后"年轻人具有很强的主动性和非常高的流动率。因此,企业在进行招聘时应明确企业自身的情况,根据人岗匹配的原则合理预估新员工在岗工作时间,为新员工构建合理的工作预期,从而减少"跳槽"现象,降低招聘成本。在制订招聘计划时,要注意员工的年龄构成比例,在公司内部形成良好的互动,激发老年员工的活力。

能够获得工作机会是劳动者工作能力的体现。每个岗位的任职条件不同，劳动者能够获得工作机会，是因为其具备以任职条件为基础、针对不同领域的不同岗位和不同表现所需要的必要能力，据此我们可以看出每个劳动者的专业知识、工作经验、专业技能和个人素质。

（3）开展基于员工职业生涯发展的培训

人力资源部和需求部门应该进行充分沟通，制订详细的培训计划。在培训内容方面，不仅要通过培训提高员工当前岗位所要求的业务能力，还要立足于员工在企业中的长远发展，让员工在培训中充分感受到企业对自己的认可和尊重，让员工能够有强烈的归属感。培训讲师可以由企业中经验丰富的资深老员工担任，这样既可以节约培训成本，又可以保证培训效果，也能让员工在平等的氛围中更好地了解企业。

在当前，再就业的老年人虽然拥有很多专业知识和工作经验，但这是远远不够的，他们必须紧紧跟上时代的脚步，结合自身工作岗位的特点一边学习一边进步。在老年人力资源开发的过程中，必须引导老年人培养积极的竞争意识，并建立相应的职业培训体系，由此提高老年人的就业能力，这也是开发老年人力资源的主要驱动力。

（4）建立多通道的激励机制

在中国，"业绩优则官""学而优则仕"的思想根深蒂固，员工们相信，只有当他们成为管理者，才算真正成功。然而，从组织结构上看，任何组织都是"少官多兵"。退休年龄延长后，"官员"就会在"官职"上多待一段时间。为了有效地激励员工，突破晋升空间限制，必须在管理上建立多渠道的激励机制。企业要通过资格认证、竞争性招聘、岗位轮换和进行后备部门的培训、年终人才盘点等方式，为各个部门、各个岗位上的人才提供晋升的途径和机会，让有真才实学的人真正实现他们的价值。此外，领导者应该树立榜样，在企业内形成尊重人才的良好氛围。

（5）制订弹性福利计划

对于年轻员工来说，他们觉得自己离退休还有很长的时间，所以对养老金并不是特别重视。当实施延迟退休退方案后，如果仍然按照原有的福利项目进行给付，对于员工来说就显得并不公平，所以，我们要改变原有的福利方案，提高员工实际福利项目的比例，关注员工的真正需求，为小而相同的劳动力结构设计相同的福利项目，以确保企业在付出巨大成本的同时获得员工的相应认可。灵活的福利计划可以让员工自主选择福利的内容和结构，这样不仅提高了员工的参与度，让员工多了归属感，同时也提高了员工的工作积极性，让员工更有工作动力。

3.社会各界

（1）利用媒体加强宣传，逐渐提高对老年人再就业的社会认可度

老年人如果选择再就业，就应该保持乐观的心态和积极上进的意识。只有社会各个阶层对老年人再就业有深刻的认识和理解，认同老年人再就业的看法，再加上老年人自身的积极心态，老年人力资源开发才是有效的。为此，新闻媒体应该发挥其优势，积极报道，为老年人再就业营造一个积极的舆论氛围。例如，在日本，政府层面最先提出"工作直到65岁、70岁"的口号，并通过媒体宣传的方式，向人们持续传达老年人再就业的理念，一宣传就是十多年，终于让社会各界对老年人再就业形成了一个积极的态度。

（2）成立老年人志愿者组织，为老年人提供合适的带薪工作机会

成立老年人志愿者组织，专门为想要再就业的老年人提供合适的就业机会。可以根据老年人之前的就业背景及其专业知识和专业技能建立志愿者组织，以便更多的老年人有机会参与志愿服务活动。我们可以更加大胆地设想，把国内外老年人志愿者组织联系起来，系统性、有组织地派遣中国老年人志愿者出国交流，以提高中国老龄社会建设的软实力。

（3）发挥老年人协会的作用

老年人协会必须发挥它应有的作用，将老年人组织起来，这样既便于管理，同时也方便老年人之间的交流，让他们互相了解。

4.工会

在新形势下，工会应该彻底转换原有的工作模式，充分发挥它应有的社会功能。

例如，建立一个专门的隶属机构，让想要再就业的老年人接受相关培训，从而向他们传达老年人再就业的社会理念，为其进入企业工作奠定基础。工会还可以邀请老年人加入老年人协会，一方面可以解决一些老年人的再就业问题，另一方面也可以为老年人力资源开发进行积极准备。除此之外，工会还可以成立一个老年人中介机构，由其负责老年人力资源状况和市场需求调查与预测，举办老年人才招聘会，让企业和老年人进行双向选择，从而解决企业和老年人之间信息不对称的问题，更好地实现人岗匹配。

5.老年人自身

（1）接受培训

如果老年人选择再就业，就必须通过培训继续提升自身的工作能力，跟上时代的步伐，因此，老年人要学会主动接受新鲜事物，这样才能在"老有所养""老有所乐"的基础上实现"老有所为"，为社会贡献余热，实现自身的价值。

（2）适应环境

老年人再就业所处的外部环境是我们不能控制的，所以老年人要学会自己去逐步适应。老年人要学会使用网络，跟上网络化、信息化快速发展的步伐，这样才不会被社会所淘汰，才能继续实现自身的价值。

（3）转变观念

对于老年人而言，要从自身做起，更新观念，树立正确的再就业观念。

综上所述，老年人力资源开发模型如图6-1①所示。

---

① 赵丽清. 中国老龄化背景下城镇老年人力资源开发研究［D］. 天津：天津财经大学，2016：109.

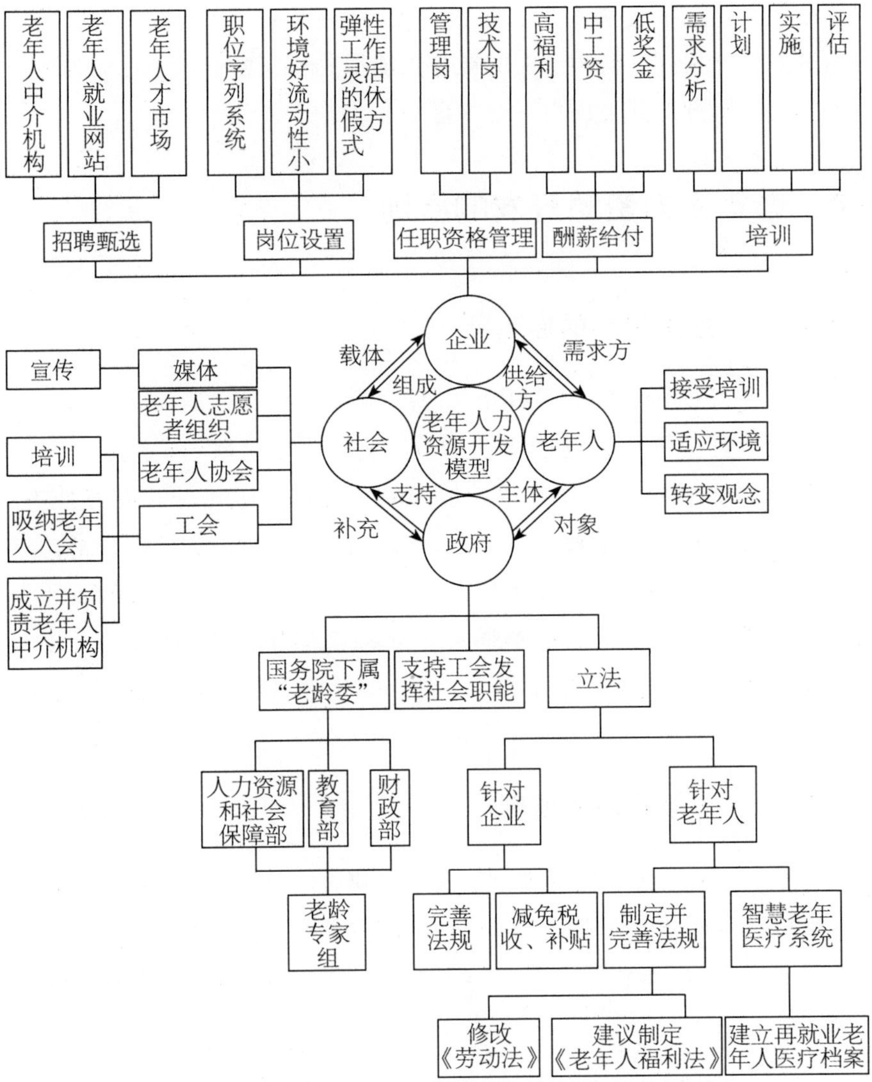

老年人中介机构　老年人就业网站　老年人才市场　职位序列系统　环境好流动性小　弹性工作灵活的休假方式　管理岗　技术岗　高福利　中工资　低奖金　需求分析　计划　实施　评估

招聘甄选　岗位设置　任职资格管理　酬薪给付　培训

宣传　媒体　载体　企业　需求方
老年人志愿者组织　组成　供给方　接受培训
培训　社会　老年人力资源开发模型　老年人　适应环境
老年人协会　转变观念
吸纳老年人入会　工会　支持　主体
成立并负责老年人中介机构　补充　政府　对象

国务院下属"老龄委"　支持工会发挥社会职能　立法

人力资源和社会保障部　教育部　财政部　针对企业　针对老年人

老龄专家组　完善法规　减免税收、补贴　制定并完善法规　智慧老年医疗系统

修改《劳动法》　建议制定《老年人福利法》　建立再就业老年人医疗档案

图6-1 老年人力资源开发模型

6.3.3 模型的理论价值

作为人力资源开发战略的重要组成部分，老年人力资源开发是我国实施人才强国战略的主要内容之一，所以，我们要选择合理的开发模式，这样才能让利益最大化。然而，我国现有的文献中并没有一套完整的关于老年人力资源开发的具体模型和整体框架。因此，本书研究的理

论价值在于建立了包括政府、企业、社会各界和老年人自身在内的老年人力资源开发模式，其中工会的社会功能得到了突出体现，进而为现实中老年人力资源的开发提供一定的理论参考。

6.4 老年人力资源开发的原则①

6.4.1 立法保护的原则

老年人应该和年轻人一样依法享有就业的权利。退休的老年人在身体条件允许的情况下选择再就业不仅能够为社会做出贡献，也能够为自身积累物质财富，并且对老年人的身心健康也是非常有好处的。由于当今社会还没有形成对老年人再就业的普遍认识和理解，对老年人再就业还存在偏见和排斥等现象，这往往会给老年人的顺利就业带来各种障碍。因此，为了能够顺利开发老年人力资源，国家必须制定关于老年人再就业方面的法律、法规，以此来保障老年人就业的合法权益。

6.4.2 积极导向的原则

随着中国老龄化趋势的进一步发展，政府以及社会各界应该积极引导并支持老年人转变养老观念，由传统的养老方式向"开放型"的养老方式转变，鼓励有继续工作能力的退休老年人再次走上工作岗位，发挥余热。

6.4.3 平衡发展、充分发挥优势的原则

老年人力资源的开发和利用应遵循资源优化配置原则以及经济规律，在整体观念以及全局意识的基础上进行。所以，在老年人力资源开发的过程中，应该对其开发和利用进行整体上的评估，不能对其他方面造成损害。可见，老年人力资源开发的顺序、力度以及广度，在整体上

---

① 赵丽清. 中国老龄化背景下城镇老年人力资源开发研究 [D]. 天津：天津财经大学，2016：110-111.

要与其他人力资源开发的目标保持平衡，且在开发过程中充分利用其经验、技能以及阅历等方面的优势。

6.4.4　合理配置、分类管理的原则

在老年人力资源开发的过程中，应该针对老年人这一群体的整体特点以及个体之间的差异，在招聘甄选、任职资格管理、培训、激励策略以及配置使用等环节上，灵活、合理地安排和协调老年人的工作岗位、工作时间，统筹培训的内容和方法。此外，还要实行分类与分层管理，给予高级老年人力资源以足够的重视与保护，并对其进行优先开发；对于一般的老年人力资源，应该引导并鼓励他们走向社会、走向市场；对于收入以及能力都偏低的老年人力资源，应给予其自谋生计的相应的优惠条件。

6.4.5　双向调节的原则

从总体上来说，要积极地建立并逐步完善老年人力资源市场，对于市场中的供求信息，要准确、及时、方便且快捷地传达给老年人，给退休老年人再次走上工作岗位创造一个良好的中介服务环境。此外，从各级老年管理组织的角度来看，这些管理组织应该积极引导并且定期组织老年人参加各种有益的社会生产和公益活动。

6.4.6　"养为"结合的原则

受我国传统文化的影响，一般60岁以上的老年人就进入了"老有所养"阶段，然而现实国情决定了目前给予老年人的"养"并不足以保证其晚年生活的质量，所以有能力的老年人可通过"老有所为"来提高收入水平，参与社会发展。当然，老年人在这一点上一定要量力而行，正确对待"养"与"为"的关系。

6.4.7　尽其所能和自愿的原则

"尽其所能"，首先就是要"体能允许"，即老年人参加社会劳动的首要条件是身体健康；其次要依据老年人力资源已有的知识、技能以及

层次，安排老年人再就业岗位，体现"人岗匹配"的原则；最后要以发挥老年劳动力的主观能动性为原则，充分尊重老年人的再就业意愿，从而将制度与资源充分结合起来。

第7章　开发老年人力资源的对策建议

7.1　观念上转变

老年人力资源在效益、成本和社会影响等方面都具有其他人力资源不可比拟的优势。尤其是低龄老年人，他们通过参加社会活动来实现自我的愿望十分强烈，却面临着观念的困境。在人口老龄化背景下，老年人力资源开发面临着家人不支持、不理解，社会认同感低，相关政策体系不完善等问题。因此需要政府、社会、企业共同努力，消除观念障碍，积极宣传，大力提倡，推动各类相关法律政策不断完善，从而促进老年人力资源潜力的释放。

7.1.1　针对老年人抢饭碗的观点

关于老年人再就业，大学生担心的是就业问题，认为随着高等教育的普及，就业压力逐渐增大，老年人再就业会抢占青年人的就业资源。一个地区的经济发展水平及就业岗位有限，老年人再就业往往会产生岗位的匮乏。在一个三线城市，经济发展水平较低，生活质量较差，所需的劳动力就会较少，但是在一线城市，市场规模庞大，工作机会较多，老年人再就业能增加劳动市场有效劳动数量，以补充因劳动年龄人口减少而造成的劳动力供给不足。

7.1.2　针对老而无为的观点

"老有所为"是老年人的本能需求和愿望，这不仅有利于老年人的身心健康，而且有利于社会进步。退休后，老年人可以在自己原来的岗位继续发挥作用，比如在卫生战线担任领导职务的同志，退休后为社会培养医疗人员，受到广泛欢迎。还有一种观点，说"老作"就是"大器晚成"，在年老时做出惊天动地的成绩，如写一部杰作，在科学上有所发现等。这些有益于老年人身心健康的行为都是"老年人能做些什么"的宝贵表达。当然也有部分老年人随着年龄的增大，记忆等身体功能减退，脱离社会时间较长，会有避世的想法。

7.1.3　针对老年人无用的观点

在一个社会环境中，无论是年轻人还是老年人，他们都有自己的优势及劣势。不能因为年龄的增大、人体机能的减弱，就否认老年人的价值。老年人的价值是具有特殊作用及现实意义的。首先，老年人相较于年轻人具有较成熟的心智，做事稳重，不会感情用事。在遇到突发情况时，能够冷静面对。其次，老年人接触社会的时间较长，人脉较广，有利于工作的开展。最后，大多数年轻人对工资的要求较高，而老年人并不那么看重薪资，雇用老年人有利于企业降低人工成本。

7.2　制度上保障

7.2.1　弹性退休年龄

弹性工作制是现在大多数国家所倡导的，就是让更多的人可以自由、随机地选择自己的工作时间，换句话说，就是可以灵活就业，或是进一步灵活地选择自己的退休年龄。中国现行的法定退休年龄，是男性年满60周岁，女性的退休年龄有两种情况：女干部年满55周岁，女工人年满50周岁。一旦实行弹性工作制，劳动者会享受很多更好的待遇，例如，劳动者在选择就业方面可以占有主动权，不会一辈子只在一个工作岗位上，而是可以在不同年龄段遵从内心的变化而从事适合自己的工作。如果到了法定退休年龄，觉得自己的身体比较健康或是照顾家庭的负担不重，老年人可以选择再次工作，实现自身的价值，为社会的经济发展做出力所能及的贡献，实现自己的老有所值。

7.2.2　提高老年人口素质

增加设置老年大学或是专门的机构服务于老年人再就业培训。素质的提高可以拓宽老年人的工作范围，增加老年人的就业机会，为老年人再就业提供更多的可能。老年人素质的提升、文化底蕴的加厚、知识水平的提高，会让人们对老年人有新的认识，会改变人们对老年人的传统观念与看法。这些机构提供的课程内容应该是宽泛的，形式应该是灵活的。老年人在轻松的培训氛围中感到身心愉悦，更好地吸收所学知识，提高自身素质。

7.3　政策上扶持

7.3.1　宏观方面

1.从国家战略的高度来看待老年人力资源开发

《老龄问题国际行动计划》指出老年人力资源开发事关全局，只有将老年人力资源开发放在战略的高度，成为国家整体战略规划，才能更加科学合理地开发老年人力资源。

首先要提高管理者和公众的意识。虽然老龄化在学术界并不是一个新课题，但是大多数政府官员和普通民众对这个概念了解得并不是很深，所以我们现在要做的就是向公众普及老龄化知识，让人们了解出现老龄化的原因和现今老龄化所存在的问题。政府还应该向社会进行广泛的宣传教育，让社会各阶层的人都能清楚地认识到老年人力资源开发的必要性，这样才能让下发的政策得到群众的理解和支持。

其次，要大力开展老龄化研究。我国对人口老龄化的认识相对较晚，对老龄化的相关研究也相对落后。因此，为了更好地解决人口老龄化给现代社会带来的一系列问题，我们必须要加强对老龄化的研究。作为发展中国家，尤其是像中国这样的人口大国，在没有实现现代化的情况下，如何应对老龄化的挑战，暂时是没有成功经验可以借鉴的。因此，有必要创造条件设立国家研究机构，组织相关学科的研究人员，并与人口老龄化和老龄化社会主要国家进行对比研究，以获得可靠依据应对人口老龄化的严峻形势，只有这样，中国才能真正进入科学的老龄化轨道。

2.以"实事求是"为准则

中国是世界上人口最多的国家，也是世界上老年人口最多的国家，也是少数几个人口老龄化发展迅速的国家之一。在人口规模视角下，中国与任何发达国家都没有可比性。如果我们简单地借鉴其他国家的经验或模式来应对老龄化，很可能会重蹈教条主义的覆辙。解决中国的人口问题，必须坚持从"现实"出发。中国人口老龄化的加速和人口老龄化中贫富差距的扩大都是由过去的政策造成的。我们要从过去的"现实"出发，增强社会包容性，让每一位老年人都能平等享受经济社会发展的共同成果。在现今人口老龄化的趋势下，中国应牢牢把握人口发展趋势，出台有利于扩大人口红利、提高人口素质、促进经济可持续发展、提高老年人生活水平的政策。希望通过政策的制定与执行，真正解决老龄化所带来的一系列问题，使老年人有更多的选择，促进国家经济快速发展。

3.坚持社会效益与经济效益相统一的方针

市场是以利润最大化原则为基础的，它完全可以解决老年人力资源开发问题，但在开发的过程中却忽视了其社会效益。中国之前的宏观经济政策之所以偏向劳动密集型产业，是因为这类产业能够帮助解决劳动力就业问题，但是随着就业人数增加，缓解社会矛盾的意义就变得越来越重要。就现在的社会情况来说，开发老年人力资源不仅仅是一项简单的经济活动，还承担着一定的社会责任，比如一些简单的社会劳动可以留给那些身体条件稍差、技能水平较低的老年人，让他们觉得自己有价值，这反映了现代社会文明的一面。在市场注重经济效益的情况下，政府政策应注重社会效益，使经济效益与社会效益有机结合。

4.各类矛盾的化解要坚持在发展中进行

人口老龄化是人类社会经济快速发展导致的社会现象，从中国老龄化不断发展的进程来看，我们可以用发展的办法来解决人口老龄化这个问题。老年人是社会的宝贵财富，我们可以恰当地利用老年人力资源，坚持在发展中解决各种老龄化矛盾，把前进的阻力转化为发展的动力，合理地制定政策，有利于老年人力资源开发战略的具体实施。在政策实施过程中可能会遇到各式各样的问题，但是执政者要正面困难，决不退缩，在发展的过程中把问题解决掉。

针对我国老龄化发展进程，必须牢牢把握发展的"第一要务"，解决好发展中面临的问题。人口老龄化是人类社会发展到一定阶段出现的人口现象。换句话说，这是一个由发展带来的问题。因此，它的解决方案也存在于社会的发展中。一方面，中国面临着"未富先老"的挑战，发展任务更加繁重，发展需求更加迫切，发展压力更加巨大；另一方面，人口老龄化给社会经济带来了挑战，但也为社会发展提供了新的机遇。老年人力资源的开发是在矛盾中解决问题，是发展中抵抗变革前进的社会发展动力。

5.坚持的方针要以老年人为主

我们要做到发展依靠老人，发展为了老人，发展的成果与老人共享。开发老年人力资源依托的主要是老年人的发展，依托于老年人在社会工作中所积累的宝贵社会经验、人脉以及人力资本优势等。在社会生产过程中，我们如果想要提高生产效率，首先要做的就是解决劳动力短缺问题，这样才能够更好地发展经济。开发老年人力资源，一方面是为了能够让老年人得到更好的发展，丰富老年人的精神财富，另一方面也能解决社会问题。但是在发展的过程中，我们一定要以老年人的自身意愿为先，让老年人自愿选择是否继续工作。

首先，老年人力资源的开发依赖于老年人的发展。利用老年人多年积累的人力资本，可以提高劳动生产率，解决社会劳动力资源稀缺问题，更好地促进经济社会发展。其次，老年人力资源的开发是为了老年人的发展。前面已经讨论过，开发老年人力资源是老年人自身的需要，所以在实际操作过程中也应以满足老年人的需要为原则。我们不能强迫老年人为了发展而继续工作，这不仅会打击老年人的积极性，而且会使发展失去意义。最后，老年人力资源开发的最终目标是让老年人共享发展成果。联合国第二届世界老龄大会的政治宣言中"重申促进'不分年龄，人人共享'的社会"，这意味着不仅共享社会发展的成果，而且共享机会和权利，参与社会发展。只有本着"以人为本"的方针开发老年人力资源，才能使老年人在参与开发中实现最大满意度。

7.3.2 微观方面

要大力发展老龄就业部门。目前，我国的劳动老年人主要集中在第一产业，而发达国家的老年人更多地从事第三产业。第三产业是衡量一个国家经济发展程度的重要指标。第三产业的发展不仅可以繁荣经济，丰富人们的生活，而且可以为社会提供大量的就业机会。不仅如此，第三产业对于老年人力资源开发也具有更深层次的意义。只有从事第三产业，才能发挥老年人的人力资本优势，最大限度地发挥老年人的人力和物质优势；只有从事第三产业，才能提高老年人的活动程度，满足退休老年人的社会需求；只有从事第三产业，才能更好地促进经济社会发展。

对雇用老年人的企业给予适当的优惠政策。在自由市场的选择中，由于人们对老年人的偏见，退休老人很容易在劳动力市场上被忽视。经济学认为，由于人们通过比较成本和收益来做出决策，所以当成本或收益发生变化时，他们的行为也会发生变化。公共政策是通过改变人们所面临的成本或收益来改变人们行为的一种措施。为了解决老年人的再就业问题，美国、日本、德国等发达国家的政府都出台了政策，通过减税等措施来鼓励企业雇用退休老人。这些政策对促进老年人再就业发挥了积极作用。因此，我们应该借鉴上述国家的成功经验，制定符合中国实际的激励政策。不仅雇用老年人的公司可以享受优惠政策，再就业的老年人也应享受税收优惠政策。

7.3.3 拓展研究：老龄化背景下武陵山区农村老年人力资源开发问题及对策[①]

20世纪90年代以来，中国的老龄化进程加快。65岁及以上老年人口从1990年的6 299万人增加到2017年的15 831万人，占总人口的比例由5.57%上升为11.4%。中国人口的老龄化程度正在加速加深。预计到2025年，60岁以上人口将达到3亿人，中国将成为超老年型国家；到2040年，我国人口老龄化进程将达到顶峰，之后，老龄化进程进入减速期。在人口老龄化不断推进与武陵山区农村劳动力加速向发达地区及城市转移的双重作用下，武陵山区面临着农村劳动力资源不足的问题。解决这一问题需要在老龄化的背景下进行审视，而农村老年人力资源的开发与利用将是解决劳动力资源不足的关键。在当前乡村振兴发展的背景下，乡村旅游业成为促进乡村振兴和农村脱贫致富的重要手段，而农村老年人力资源的开发与利用可以为乡村旅游业的发展提供劳动力资源，进而促进武陵山区乡村振兴的进程。此外，老年人力资源的开发也有利于职业农民的培养，拓展职业农民的覆盖面。为此，通过对武陵山区核心区域铜仁市碧江区的农村开展调查，来分析农村老年人力资源的现状和存在的问题，进而找出解决问题的策略，为推动武陵山区老年人力资源开发和促进区域农村经济社会发展提供政策参考。

1.武陵山区农村人力资源现状调查分析

（1）研究设计

现有研究成果主要关注农村劳动力转移和农村劳动力开发问题，对于农村老年人力资源开发关注较少。本研究在老龄化大背景下重点关注

---

① 黄玖琴，梁成艾，王德召. 老龄化背景下武陵山区农村老年人力资源开发问题及对策［J］. 职教论坛，2018（8）：121–129.

农村老年劳动力群体，试图通过研究找出武陵山区农村老年人力资源开发中存在的问题，并提出相应的开发策略。为此，本研究主要采用问卷调查法和访谈法进行。问卷内容主要包括受访者基本信息和老年人力资源开发两个方面。问卷题项设计在参考现有成熟的问卷题项的基础上，通过咨询专家、结合调查研究实际进行了修正，以提升问卷的信度和效度。调查主要采用简单随机抽样法进行，以确保调查的有效性和代表性。为了解老龄化背景下武陵山区农村老年人力资源开发的状况并找出存在的问题，课题组于2018年7月在武陵山区的核心区域贵州省铜仁市下辖的部分乡村进行了实地调查。调查组成员在铜仁市碧江区灯塔办事处和川硐镇下辖的部分村民组，采用随机抽样调查和现场访谈相结合的方式进行调查，其中发放调查问卷240份，回收有效问卷200份，问卷回收率83.3%，并在附近农村进行了访谈，共访谈8位村民。通过对调查结果的统计分析，结合访谈的内容，可以了解当地老年人力资源开发的现状，进而分析存在的问题。

（2）调查结果分析

①调查对象的基本情况。

调查对象的基本情况主要包括性别、年龄、受教育程度和家庭年收入等。据表7-1可知，受调查人群中男性占54%，女性占46%，调查基本兼顾了性别比例。受调查对象的年龄主要在50～65岁之间，这一年龄段也是老年人力资源开发的重点年龄段，具有较强的代表性。在受教育程度方面，小学毕业及以下的占30%，初中毕业的占42%，由此可见，初中及以下学历是农村老年人力资源文化程度的主流，总体文化水平不高。家庭年收入方面，收入在5 000元以下的占24%，5 001～10 000元的占30%，10 001～15 000元的占33%，15 000元以上的占13%。由此可见，受访人群家庭年收入不高。

②老龄化背景下武陵山区农村老年人力资源现状。

通过对调查结果进行分析，结合访谈内容，可以了解武陵山区农村老年人力资源开发的基本状况，总体上来说，武陵山区农村老年人总体生活状况较好，老年人力资源适应性较强，多数人再就业意识也较强，这就为老年人力资源开发提供了较好的条件。

表7-1 样本基本情况统计表

项目	类别	比例（%）	项目	类别	比例（%）
性别	男	54	受教育程度	小学毕业及以下	30
	女	46		初中	42
				高中、大专及以上	28
年龄	50~55 岁	31	家庭年收入	5 000 元以下	24
	56~60 岁	33		5 001~10 000 元	30
	61~65 岁	28		10 001~15 000 元	33
	65 岁及以上	8		15 000 元以上	13

A.农村老年人生活状况较好。这主要体现在健康状况、生活费来源和居住情况等方面。据表7-2可知，第一，健康状况方面，在"您目前的健康状况如何"调查中，选择"一般"的占46%，选择"较好"的占27%，选择"很好"的占14%，而选择"较差"的仅占13%。由此可见，当地老年人的整体健康状况较好，这也为老年人力资源的开发提供了前提。第二，生活费来源方面，在"您现在的生活费主要来自"多选问题中，选择"儿女、亲友"的占51%，选择"以前储蓄"的占20%，选择"养老金"的占24%，另外还有一小部分人选择房屋出租租金、投资收入、社会救济金等其他方面。分析以上结果可知，当地农村老年人的生活费来源比较丰富，但养老模式的主体仍然是传统的家庭养老，子女、亲友为老年人支付生活费仍是主流，同时养老金所占的比重也有所提高。第三，老年人居住情况方面，在"您的居住情况"问题中，选择"与老伴共居"的占30%，选择"与子女共居"的占27%，选择"与子女及老伴共居"的占29%，选择"独居"的占8%，而选择"敬老院等养老机构"的仅占6%。由此可知，当地老年人中大部分人是与子女共同居住，这也印证了以传统的农村大家庭为主的居住方式，同时也有相当一部分老年人与子女分开居住，而养老机构还不太被农村老年人认可。

表7-2 受访者生活状况调查统计

项目	类别	比例（%）	项目	类别	比例（%）
健康状况	很好	14	居住情况	与老伴共居	30
	较好	27		与子女共居	27
	一般	46		与子女及老伴共居	29
	较差	13		独居	8
生活费来源	儿女、亲友	51		敬老院等养老机构	6
	以前储蓄	20			
	养老金	24			
	其他	5			

B.农村老年人力资源适应性较强。按照我国的实际情况，老年人力资源是指年龄在55周岁以上、身体健康、具有劳动能力的人。老年人力资源的适应性包括生活幸福度、社会交往情况、业余生活情况和社会适应性等方面。据表7-3可知：第一，生活幸福度方面，在"您认为现在的居住状况如何"问题中，选择"良好"的占45%，选择"非常好"的占33%，另外在访谈中，当地老年人也反映他们的居住条件有很大的改善，对整体居住环境比较满意，可见，当地老年人对居住状况较为满意。在"您有更多的时间陪伴家人，感到很幸福"问题中，选择"赞成"的占39%，选择"非常赞成"的占27%，可见当地农村老年人与家人相处比较融洽。综上可知，当地农村老年人整体生活幸福指数较高。第二，社会交往方面，在"您喜欢与村里其他人沟通交流，并积极参加各种社会活动吗"问题中，选择"愿意"的占41%，选择"非常愿意"的占22%，可见，多数农村老年人是比较愿意与他人交往并参加社会活动的。而在"您觉得目前与外界接触交流的机会减少了吗"问题中，选择"一般"的占30%，选择"赞成"的占36%，选择"非常赞成"的占34%，这说明农村老年人与外界沟通交流的机会有所减少。可见，当地老年人希望通过自身的努力，更多地参与社会活动。此外，在访谈中，当地老年人也表示他们的交往圈子局限在农村周边，与农村以外的交往较少。由此可知，当地农村老年人内部社会交往较多，而外部社会交往

受限。第三，业余生活方面，在"您希望可以发展自己的兴趣爱好来丰富自己的晚年生活吗"问题中，选择"赞成"的占33%，选择"非常赞成"的占20%，可见，当地农村老年人多数希望根据自己的兴趣爱好规划自己的老年生活。此外在访谈中，当地老年人也表示他们的业余生活还是比较有规律的，只是业余生活的方式十分有限，局限在聚在一起聊天、打牌、看电视、听戏等活动。第四，社会适应性方面，在访谈中当地老年人也反映，他们的思想观念与时代发展还是存在很大的差距，思想的进步难以跟上时代的发展。而在"您会通过电视、电脑等方式获取最新的信息吗"问题中，选择"赞成"的占48%，选择"非常赞成"的占17%，由此可知，当地农村老年人还是乐意通过新媒体手段更新自身的知识，改变自身的思想观念的。整体而言，当地农村老年人社会适应性较强，他们能够意识到自身思想观念与时代发展的差距，并能设法不断更新自身的知识与观念。

表7-3 　　　　　　　**受访者社会适应性调查统计**

项目	类别	比例（%）	项目	类别	比例（%）
居住状况	非常好	33	接触外界机会少	非常赞成	34
	良好	45		赞成	36
	一般	22		一般	30
生活幸福	非常赞成	27	丰富晚年生活	非常赞成	20
	赞成	39		赞成	33
	一般	34		一般	47
参加社会活动	非常愿意	22	通过电视、电脑等获取外界信息	非常赞成	17
	愿意	41		赞成	48
	一般	37		一般	35

C.农村老年劳动力再就业意识较强。据调查和访谈结果分析，当地农村老年劳动力具有较强的再就业意识，多数老年人希望获得继续工作的机会。据表7-4可知：第一，继续工作的愿望方面，在"您希望可以继续工作吗"问题中，表示"赞成"的占48%，表示"非常赞成"的占31%，表明当地农村老年人再就业的愿望还是比较迫切的。而在"您再

就业的主要原因是什么"问题中，选择"增加经济收入"的占46%，选择"发挥自己的兴趣爱好"的占25%，选择"消除孤独感"的占18%，选择"精神寄托"的占11%，整体来讲，老年人希望再就业主要是出于经济收入、兴趣爱好、思想层面的考虑。第二，继续学习培训的愿望方面，在"您希望获得再就业指导或技能培训吗"问题中，选择"一般"的占39%，选择"赞成"的占29%，选择"非常赞成"的占32%，多数农村老年人是希望获得再就业指导和技能培训的。在"您希望可以获得学习培训的机会，提升自我吗"问题中，选择"赞成"的占42%，选择"非常赞成"的占43%。在"您觉得继续学习知识能让您的生活更愉悦吗"问题中，选择"一般"的占28%，选择"赞成"的占50%，选择"非常赞成"的占22%，可见，当地多数农村老年人认为继续学习能够给自身带来快乐。此外，在"您觉得拥有某项技能有助于提高您的生活质量吗"问题中，选择"一般"的占22%，选择"赞成"的占48%，选择"非常赞成"的占30%。综上所述，当地农村老年人再就业意识较强，同时，他们也希望通过不断地参加各种学习及职业技能培训，提升自身的素质，增强自身的就业能力。

表7-4　　　　　　　　受访者就业意识调查统计

项目	类别	比例（%）	项目	类别	比例（%）
继续工作	非常赞成	31	获得学习培训机会	非常赞成	43
	赞成	48		赞成	42
	一般	21		一般	15
再就业原因	增加经济收入	46	继续学习知识能带来快乐	非常赞成	22
	发挥自己的兴趣爱好	25		赞成	50
	消除孤独感	18		一般	28
	精神寄托	11	拥有某项技能有助于提高生活质量	非常赞成	30
获得再就业指导或技能培训	非常赞成	32		赞成	48
	赞成	29		一般	22
	一般	39			

③老龄化背景下西部农村老年人力资源开发面临的问题。

农村老年人力资源开发的现状是老年劳动力资源比较丰富、生活状况较好、自身适应性较强和再就业意识较强，这一现状为农村老年劳动力资源开发提供了较好的前提。但是在农村老年人力资源开发中也面临着一些问题，通过调查结果分析这些问题，能为进一步找到解决对策提供参考。

A.农村老年劳动力再就业机会有限。由于受限于各种条件，老年劳动力再就业机会较少，就业选择面也非常有限，下面通过调查结果分析这一问题。

一是寻找工作途径有限。据表7-5可知，在"您再就业时寻找工作的途径是什么"问题中，选择"自己寻找"的占40%，选择"亲朋介绍"的占35%，选择"社区帮助"的占15%，可见，当地农村老年人再就业时寻找工作的途径有限，多数人要依靠自己的努力或者亲戚朋友的帮助，政府部门和村集体等给予的帮助较少。在访谈中也了解到，当地老年人在寻求再就业机会时面临一定的困难，主要是找工作的途径不多，主要还是依靠自己的奔走与熟人的介绍，而获取招聘信息的手段也十分有限，无法通过新兴媒体获取需要的用工信息。

表7-5 受访者就业及自身素质调查统计

项目	类别	比例（%）	项目	类别	比例（%）
就业途径	自己寻找	40	健康状况	较好	20
	亲朋介绍	35		一般	56
	社区帮助	15		较差	24
	其他	10	遇到的困难	身体状况变差	27
是否具有职业技能特长	是	14		就业信息不畅	40
	否	86		家庭经济困难	33

二是企业招工的限制。在对当地一些企业的调查中了解到，这些企业都对用工做出了一些限制：首先是年龄限制，一般要求年龄为18~45周岁，对技术型人才的年龄可以适当放宽；其次是文化水平条件，一般要求初中以上文化程度；再次是身体条件，一般要求身体健康，能

够正常从事工作。企业以上用工条件对农村老年人就业极其不利，基本上将老年人群体排除在企业的就业范围之外。年龄限制是农村老年人无法逾越的鸿沟，而身体条件和文化水平条件也限制了多数老年人的就业。

三是就业选择面有限。在访谈中也了解到，当地农村老年劳动力就业选择主要集中在以下几个方面：第一，农业内部就业，主要是农村种植，大户承包了大片农田，农忙时节需要聘请一些临时工帮忙，还有就是农村的养殖场需要聘请村民。这些工作岗位的限制较少，只要有劳动能力的人都可以胜任，这也是农村老年人内部就业的主要途径。第二，农村建筑业就业，主要是指农村住房及基础设施建设的项目需要聘用一些临时的建筑工人，除技术工种外，对小工没有技能要求，年龄的限制也比较宽松，这也成为农村老年人就业的重要途径。第三，在城市的家政服务公司工作，家政服务中的清洁工等工种对年龄、文化程度及技能的要求相对较低，比较适合农村老年人，特别是年龄在45～65岁之间的农村妇女。总之，农村老年人的就业选择面仍然十分有限，多数老年人仍然无法获得再就业的机会。

B.农村老年劳动力资源自身素质不高。由于农村老年劳动力文化素质不高、职业技能素质较低，加之身体素质也不好，因此，农村老年劳动力资源整体素质不高。

其一，文化素质不高。在针对当地老年人文化程度的调查中，据表7-1可知，初中及以下文化程度的占总人数的72%，高中、中专或技校文化程度及以上的占28%，当地老年人整体文化程度不高。另外在访谈中，当地农村老年人也表示由于受历史条件及生活水平条件的限制，他们中的多数人没有接受教育的机会，而整体文化素质的低下极大地影响了他们的生活质量，当然也影响了其再就业的选择，因为目前用人单位一般对文化程度都有一定的要求。因此，农村老年人整体文化素质不高影响了其就业的选择，他们只能选择对文化程度没有要求的一些工作岗位，而这些工作岗位一般都是纯体力劳动或者脏累差的工作。

其二，职业技能素质较低。在"您是否有职业技能特长"调查中，选择"否"的占86%，可见当地农村老年人的职业技能素质不高。而在对选择有职业技能特长的农村老年人的访谈中发现，他们的技能主要集中在以下三个方面：一是泥工，主要是能够在修建砖木结构或者砖混结构的房屋时做泥工"大工"的工人。二是水电工，主要是在工地上安装简单电路和水路的建筑工人，或者是在房屋装修时安装水管和电线、电路的工人，这一工种需要一定的职业技能水平。三是货车驾驶员，是指拥有B驾驶证并拥有货运资格证，能够从事货物运输的人。以上这些工种都比较辛苦，并且需要很好的身体条件和精力，都不太适合老年人，因此，需要寻找适合老年人从事的工作并开展针对性的职业技能培训，来解决农村老年人职业技能素质较低的问题。

其三，身体素质受限。随着年龄的增长，人的身体素质会逐步下降，农村老年人也不例外，其身体素质都会出现一些问题。据表7-5可知，在"您目前的健康状况如何"问题中，选择"较好"的占20%，选择"一般"的占56%，选择"较差"的占24%，可见，当地农村老年人健康状况一般，这是符合自然发展规律的。而在"您目前遇到的最大困难在哪个方面"问题中，选择"身体状况变差"的占27%，身体问题已经成为老年人必须面临的重要问题。农村老年人无法从事重体力劳动以及对身体素质要求较高的工作。

C.农村老年劳动力传统观念较浓。农村老年人的传统观念较强，这在一定程度上影响了农村老年人对老年生活的选择，这些传统观念包括养老观念、家庭观念和就业观念等。

一方面，传统的养老观念占主流。农村传统的养老观念是"养儿防老"，子女长大以后，通过努力工作来供养老人，这种观念在农村普遍存在，也是广为接受的养老观念。在这一观念下，赡养老人是农村年轻人应尽的义务和孝道，老年人可以安心接受子女的供养而享受天伦之乐。随着社会的发展，这一养老模式面临着一些挑战：一是大量农村年轻人为谋求生活水平的提高而外出打工，他们常年在外为家庭生计而奔波，而农村也出现了空心化的现象，留守农村的主要是老年人和儿童，这些老年群体成为空巢老人，他们无法享受到以往传统养老模式中子女的照顾；二是当今的农村年轻人生活压力较大，在陌生的城市打工收入有限，又要承受无法融入城市生活的压力，同时，需要抚养年幼的孩子，很多年轻人无力赡养年迈的父母；三是农村的养老保险水平较低，发放到农村老年人手里的养老金对于保障老年人基本生活来说是杯水车薪。在传统的养老观念影响下，很多农村老年人固守传统，不愿出来做事，因为他们认为自己出来工作会被别人认为子女不孝。

另一方面，传统的家庭观念影响。传统的家庭观念是大家庭聚居生活，父母和子女居住生活在一起，这种家庭模式在农村广泛存在。在这种家庭模式下，年轻人的工作收入是家庭收入的主要来源，老年人主要负责照顾年幼的孩子，这也影响了老年人对自身生活的选择。当然，随着社会的发展，这种大家庭的观念也面临着很大的挑战，大量农村年轻人外出打工，给农村带来的是留守老人和留守儿童一起生活的家庭模式，同时，年轻人在城市接受的新观念，使他们逐步接受了城市新的家庭观念。

2.武陵山区老年人力资源开发策略

在人口老龄化大背景下，农村人口面临着老龄化的趋势，而农村青壮年劳动力的转移就业又加重了这一趋势，老年人已经成为当地农村的主力。在乡村振兴背景下，发展乡村旅游业又需要大量的劳动力。为实现农村经济的发展，切实提高农民的生活水平，应加强对农村老年人力资源的开发，以调动老年人的积极性，让他们为农村社会发展做出贡献。通过前文中对调查结果的分析，了解了当地农村老年人力资源的现状和开发中存在的问题，在分析这些问题的基础上，提出武陵山区老年人力资源开发的策略。农村老年人力资源的开发是一项系统工程，需要各方的共同努力，地方政府应在其中扮演关键角色，通过制定老年人力资源开发规划、发展农村老年教育、改变农村养老及家庭观念和构建农村老年人力资源开发的平台等工作来促进农村老年人力资源的开发。

（1）政策引导：发挥老年人力资源优势

通过政府引导，成立老年人相关组织，发挥他们在文化传承、文化遗产保护、农村环境营造、农村养殖、种植等方面的资源优势。结合乡村振兴战略，鼓励农村离退休以及相关人才投身乡村建设，建立健全激励机制，研究、制定、完善相关政策措施和管理办法。首先，需要各级政府部门的重视，把开发农村老年人力资源纳入地方政府经济与社会发展规划。农村老年人力资源是农村劳动力资源的重要组成部分，在当今农村空心化趋势之下，日益成为农村劳动力的主体部分。按照有序开发和科学合理利用劳动力资源的原则，结合农村老年人的身体条件、个人素质、工作能力和思想特点，有组织、有计划地按照科学的方法进行开发和利用，才能实现让农村老年人人尽其才的目标。其次，制定农村老年人力资源开发的相关法律和规章制度。农村老年人再就业是一个非常重要的问题，在这一过程中既要充分调动农村老年人再就业、参与农村社会发展的积极性，又要有相应的法律制度保障农村老年人再就业的规范化、制度化和有序化，以及合法权益。最后，老年人实行弹性工作时间制度。老年人由于身体条件的限制，已经无力从事长时间的体力和脑力劳动，因此，应根据老年人的生理特点制定合理的工作时间制度，以适应老年人就业的需要。根据农村老年人再就业以体力劳动为主的特点，结合老年人的身体条件，应制定弹性工作时间制度，以每天8小时为工作时间上限，以周为单位设置工作时间下限，每周只要达到工作时间下限即可，每天的具体工作时间可以根据自身实际情况灵活调节。这种弹性工作时间制度既能保证有效的工作时间，确保企业的利益，兼顾老年就业者的收入，又能给农村老年就业者提供宽松的环境，有利于其以健康的身体、充沛的精力接受工作的挑战。

（2）教育扶持：推进老年职业教育发展

目前我国已经步入老龄化阶段，而世界也进入知识经济时代，终身教育的观念逐步深入人心，接受教育已经不只是年轻人的任务。职业教育方面应充分利用城区优质的职教资源，以生态农业、观光农业、低碳农业等的发展为契机，立足农村实际，创设反哺式的农村教育机制。[①]推进农村老年职业教育的发展能够促进老年人力资源的开发，而从现实需求的层面来讲，农村老年教育的重点应是对基本知识和职业技能的培训，主要目的是把有劳动能力的农村老年人培养成为新型职业农民，为农村老年人力资源开发开拓新的路径。

第一，完善老年教育立法，建立终身教育制度。近年来我国也开始

---

① 梁成艾. 武陵山片区农村劳动力就业能力提升策略研究［J］. 职教论坛，2017（28）：45-52.

重视老年教育的发展，并制定了老年人权益保障的相关法律，比如《中华人民共和国老年人权益保障法》中提到我国的老年人有继续受教育的权利。但是，我们至今没有制定老年教育及终身教育的专门法律，要建立完备的终身教育制度还需要立法部门的不断努力。在今后的立法过程中，应制定老年教育的专门法，以切实保障老年人受教育的权利，并用法律的形式确保老年人接受终身教育培训，而在法律中也要对农村老年人有专门的规定，制定出适合农村老年人的教育制度。

第二，鼓励和扶持各种社会组织参与农村老年职业教育。在发展农村老年教育中，既要重视政府的推动作用，又要充分调动各种社会组织的积极性，通过加大农村教育力度，提高武陵山区农村劳动力整体素质，推动老年教育的繁荣发展。其一，地方政府教育管理部门应建立专门的机构，负责管理农村老年教育。其二，政府部门应建立公益性的老年教育培训机构，每年分地区对农村老年人开展教育培训。其三，积极鼓励各种社会组织参与到农村老年教育中来。充分调动社会教育机构的积极性，推动农村老年教育市场的社会化开放，引导更多的社会组织参与其中，以满足农村老年人的教育需求。

第三，大力发展农村老年教育。我国的农村老年教育还比较落后，不能承担起农村老年人在家门口接受继续教育的重任。应重视老年人力资源的职业教育，职业教育的发展能够为社会提供具有较高知识水平和职业技能水平的人才。为此，每个行政村应建立老年教育组织，地方政府应给予政策和资金的支持，聘请乡村学校的教师作为农村老年教育的师资，从而推动农村老年教育的发展。农村老年教育的重点在于教会老年人基本的知识、社会发展的形势、新的社会观念等，主要在于拓展农村老年人的知识面。教育的内容应"加强乡村振兴战略和农旅一体化等涉农政策内容所占的比重"。[①]此外，通过农村老年教育，加强对老年人生活的指导。引导农村老年人科学规划自己的老年生活，合理安排工作和休闲的时间，加强身体保健，制定科学的作息时间等，以获得高质量的老年生活。

---

① 王德召，梁成艾，黄玖琴. 农旅一体化背景下职业农民教育途径探析［J］. 职教论坛，2018（6）：152-157.

（3）社会保障：改变传统的养老观念

农村传统的养老观念是"养儿防老"，这种养老模式延续了几千年，也被多数人认可，但在今天的经济社会发展环境下，也显现了不少弊端。要解决农村养老问题，就要解放农村老年人的思想观念，从社会保障的角度解决养老问题，解除老年人力资源的后顾之忧。

首先，推动农村传统文化价值观向现代文化价值观转变。在农村传统文化价值观中，年长者受到尊重，在家族中享有较高的威望，并拥有宗教及宗族的权力，老年人由其家庭成员赡养。而现代文化价值观注重知识和能力，在经济社会发展的推动下，权威地位的确立不以年龄而论，而是以以知识、技能、能力为基础的综合素质为前提。老年人要树立自身的权威地位，就需要接受新的价值观的挑战，转变观念，通过学习不断更新知识。转变观念、不断学习，能够有效提升农村老年人的整体素质。其次，依附意识向独立意识转变。由于传统观念的影响，加之以前的生产力比较低下，农村老年人的经济依附性较强。随着近年来农村社会保障的普及以及社保水平的不断提高，农村老年人的经济依附性出现了松动，但要想摆脱依附地位，还需要向经济独立意识转变。老年人可以通过自身的努力，获取一定的收入，从而实现经济上的独立。再次，发展家庭养老和社会养老相结合的养老道路。传统的农村养老模式只强调家庭养老的功能，这种单一的养老模式已经无法适应当今社会的发展，因此，需要寻求家庭养老以外的养老模式作为补充，健全老年人社会保障制度，适度发展公共养老的福利设施，完善老年人医疗服务体系。①家庭养老模式与社会养老模式相结合能够充分调动各方因素为农村养老服务，有效提升农村养老水平，为农村老年人提供良好的养老环境，这也能消除农村老年人的顾虑，促进农村老年人力资源的开发。最后，实施农村养老计划。通过邻里互助、亲友相助、志愿服务等模式，大力发展农村互助养老服务。依托农村社区综合服务中心（站）、综合性文化服务中心、村卫生室、农家书屋、全民健身设施等，为老年人提供关爱服务。

---

① 王宁娟. 从年龄概念上探讨老年人力资源再开发——基于人口老龄化背景下［J］.商业经济，2018（9）：100-102.

（4）平台搭建：促进农村老年人就业

就业是农村老年人力资源开发的根本途径，就业能力就是将专业知识、动作技能、情感态度、身体素质、思想品质、民俗文化等要素深度融合与科学统整而形成的复杂能力体系。①因此，提升农村老年人力资源开发，需要大力促进其就业，而就业的关键是要提升农村老年人力资源的职业素质，并为其就业搭建平台。为此，可以从以下几个方面促进农村老年人就业：

第一，搭建就业服务平台。政府发挥导向作用，健全政策措施，搭建服务平台。农村老年就业服务平台需要就业信息收集、信息发布和人才信息几个方面。地方政府人力资源和社会保障部门应建立这一服务平台，并负责收集市场上的就业信息，通过分析比对，找出适合农村老年人就业的信息，并通过服务平台发布出去，这一过程需要信息与服务对象的有效沟通，即信息能够顺畅地传递到农村老年人那里。推动企业参与农村老年人力资源开发，建立激励公示制度、专项审查绿色通道、各项税收浮动减征机制、中小额创业基金信贷等。通过政策优惠的细化，调动地方企业参与老年人力资源开发、发展老年产业的积极性②。

第二，发展适合农村老年人从事的产业。结合农村的实际，发展种植业和养殖业，通过公司加农户的模式，实现农村种植业、养殖业与市场有效对接。此外，在乡村旅游业开发中发展乡村特色餐饮业，餐饮业对劳动力的整体素质要求不高，只要身体健康就能从事基本的工作，这也能为农村老年人提供就业机会；也可以促进家政服务业的发展，家政服务是当今城市里需求较大的行业，而家政服务中心可以聘请一些农村老年人从事清洁工、保姆等工种。

第三，推动农村老年人力资源返乡发展。在农村，一代农民工群体在城市从事简单体力劳动，由于年纪偏大，在城市劳动力市场上处于劣势，面临返乡后再次投入到农业劳动中的处境。对他们进行培训和资助，不仅有利于农业产业化发展和规模经济，更有利于缩小城乡

---

① 梁成艾. 社会转型期职业教育人力资源开发功能嬗变之制度变迁理论审视 [J]. 职教论坛，2013（34）.

② 武鹏，韩雪文. 农村老年人力资源开发与老年产业协同推进研究 [J]. 农业经济，2018（5）.

差距[①]。

第四，建立和完善农村老年人才市场。日本在东京设有银色人才中心协会，各都、道、府、县设有"银色人才中心"，总数600多个，成为严密的组织网络体系，是半官半民的公共性和公益性社团组织，取得了良好的效果。虽然日本的老龄化比较严重，但是未对经济和社会的发展造成太大的阻碍。[②]我国可以借鉴国外的成功经验，立足农村的实际情况，由地方政府牵头构建农村老年人才市场网络，促进农村老年人力资源的开发。建立和完善农村老年人才市场，一方面，需要农村老年劳动力通过不断学习提升自身的实力，通过接受培训转变为新型职业农民，根据市场需求参与人才市场的竞争。另一方面，应建立和完善老年人才市场，积极发展第三产业，开辟一些灵活就业岗位，如临时性和非全日制工作，以契合老年人身心特点，帮助老年人再就业。[③]

老龄化背景下武陵山区农村老年人力资源面临着就业机会有限、身体素质受限和传统观念较浓的问题，这些都影响了当地老年人力资源的开发。为此可以通过政策引导发挥老年人力资源的优势，通过教育扶持促进老年人力资源素质的提升，通过完善社会保障转变老年人力资源的养老观念，通过平台搭建增加老年人力资源就业的方式。武陵山区农村老年人力资源开发措施的实行，能够使部分老年人转变为具有一定职业技能的职业农民，可以有效提升老年人力资源的就业能力，缓解劳动力资源紧张的问题，推动武陵山区农村经济社会发展。

---

① 孙平，彭青云. 人口老龄化背景下美德老年人力资源开发经验及启示 [J]. 中国人力资源开发，2016（21）.
② 刘国华. 我国老年人力资源开发的意义及对策 [J]. 经济论坛，2007（8）.
③ 吴香雪，王三秀. 人口老龄化背景下老年人再就业问题研究 [J]. 青海社会科学，2015（6）.

第8章　大连职业技术学院老年服务与管理专业敬老文化育人①

"用我们的心聆听老人的心声，用我们的爱滋润老人的心田。"

"用细心、爱心、耐心为老人构筑爱巢，用所知、所学、所能为老人营造温馨。"

——大连职业技术学院老年服务与管理专业敬老文化育人宣传语

大连职业技术学院（以下简称"学院"）1999年在全国首创老年服务与管理专业。该专业培养德、智、体全面发展，掌握老年生活护理、心理护理、疾病护理、机构管理等专业知识，具有老年生活护理能力、心理护理能力、疾病照护与康复保健能力、养老机构经营管理能力、老年产品（产业）营销能力，从事高级养老护理、康复保健、养老机构经营管理、老年社会工作、老年产品（产业）营销工作的技术技能人才。可以看出，该专业旨在为养老机构培养高级护理和管理人才，为社区或涉老机构培养健康咨询方面的专业人才，为老龄产业培养老年产

———————————
① 张岩松. 文化育人的研究与探索——兼论大连职业技术学院老年服务与管理专业敬老文化育人 [M]. 大连：东北财经大学出版社，2020：161-169.

品营销及经营管理方面的人才。

该专业自创立以来，以品牌专业、突出特色、长效发展为宗旨，依托大连市乃至国内外的养老产业，并强化与日本养老机构的合作，以专业人才培养、改革为主线，加强学生的职业道德教育和专业技能培养；采用理实一体、养老机构岗位实训和顶岗实习等方式，以师资、实训条件、机制与制度建设为依托和保障，探索人才培养的新模式。经过不断的探索与建设，该专业人才培养模式的特色更加鲜明，教育质量显著提高，对同类专业起到了一定的示范和带动作用。该专业人才培养的成功还表现在学院的"敬老文化"育人上，学院以孝文化为基础，以感恩教育为主线，以敬老爱老、感恩父母为起点，加强大学生的品格修养，以培养大学生高尚的道德品质为目标，以同学间、师生间关爱互助的活动为载体，以提高学生职业道德、涵养敬业精神为方向，让学生在爱与感恩中健康成长、快乐成才。该专业的学生具备了"尊老敬老，无私奉献；自尊自强，爱岗敬业；严谨细致，技术求精；遵纪守法，团结协作"的职业道德规范。

8.1　"敬老文化"的内涵

孔子曰："至于犬马，皆能有养；不敬，何以别乎？"尊老、敬老、养老是中华民族的传统美德，大连职业技术学院老年服务与管理专业敬老文化有以下内涵：

8.1.1　弘扬传统，传承孝道文化

敬老是中华民族的优良传统。孝道文化已经积淀成为中华民族世世代代传承不息的文化血脉。学院汲取传统敬老文化精神，强化"孝道"的学习，结合时代特征，让学生深刻了解孝道文化的内涵，弘扬敬老文化。

8.1.2　学会感恩，提高职业道德

感受父母养育之恩并回报父母是每个人天然具有的朴素情感和美

德。正是出于感恩，我们才尊敬父母、赡养父母。敬老文化首先要推崇感恩教育，培养学生的知恩和感恩意识，在知恩、感恩的基础上产生报恩的行为，激发学生的感恩情怀，引导学生回报父母的尊老、敬老行为。

8.1.3　服务为本，涵养敬业精神

通过文化培育，教师和学生强化了为老服务意识，具备了"尊老敬老，无私奉献；自尊自强，爱岗敬业；严谨细致，技术求精；遵纪守法，团结协作"的职业道德规范，紧密结合社会服务类行业人才需求类型和社会服务类企业用人选拔标准，以传统文化涵养职业道德，培养出具有良好的精神风貌、严肃的工作态度、良好的行为习惯和高超的服务技能的标准职业人，为提供优质的专业化为老服务奠定基础。

8.2　敬老文化培育过程

学院深入剖析和诠释"敬老文化"的三大内涵，利用现代传播工具与手段，紧扣活动主题，结合专业特色，以符合青年学生心理特点的方式进行策划、宣传和开展，逐步形成工作机制。

8.2.1　占领敬老文化宣传思想主阵地

1.制定《敬老文化手册》

《敬老文化手册》在学院多年前的《老年服务职业道德自修手册》的基础上，进一步总结和提升了敬老文化，经过多轮修改完善，包含老年服务职业道德基本原则和规范、老年生活护理职业道德规范、老年心理护理职业道德规范、老年康复护理职业道德规范、道德伦理等内容。学生人手一册，不断加强向老向善的职业道德的自我教育和自我修炼。

2.营造敬老文化育人氛围

职业教育肩负着为国家输送高技能技术性人才的使命，除了课堂的

理论讲授课程，还有实训室的敬老交流平台，敬老文化在实训室和走廊里随处可见。

8.2.2 优秀毕业生点燃养老激情，传承养老文化

老年服务与管理专业的毕业生多年来在养老行业默默坚守岗位，用爱心和孝心服务老人，许多人已经成为养老行业的骨干，每年都会受到母校邀请为在校的学弟学妹传经送宝，养老文化无论是在企业中还是在校园里，都得到了传承和发扬。

8.2.3 深耕敬老文化内涵

1.弘扬传统，传承孝道文化

（1）敬老文化彰显学院特色，上好入学第一课。学院在2018年的迎新现场精心设计了敬老爱老的宣传画报，给当年入学报到的新生带来了深刻印象。在入学教育中再次将学院的敬老文化融入其中，便学生理解敬老爱老的真谛，感悟到孔子孝道文化的宗旨，提倡忠于国家，推崇敬业报国，追求"小孝及家，大孝惠国"。

（2）合作养老企业送课入校，赠书育人。北京祥颐共生老年产业有限公司是学院多年的校企合作单位，在2018年度的送课入校活动中，培训师分别从中国养老行业现状、日本养老行业学习的分享与思考以及年轻人投身养老行业的机遇三个方面让2018级新生了解了行业现状。负责人李洋更是鼓励学生们珍惜能够为养老行业尽一份力的机会，脚踏实地学好为老服务的相关技能。同时，他还指出，学习养老专业是最幸运的大学专业之一，正如《孝经》中所述："夫孝，始于事亲，中于事君，终于立身。"——孝心不能等待！课后，企业为2018级老年服务与管理专业和社区康复专业的全体155名学生免费赠送了《孝心不能等待》一书。这本书是祥颐公司每人一本的必读书，是用真情和泪水写出的一本日记，是一个儿子为怀念母亲写下的心路历程，却道出了天下已经失去母亲的儿女们的心声。此次送课赠书活动，一方面巩固并深化了校企合作关系，另一方面也把企业文化和经营理念进一步深入到学生心

中，并以此为契机鼓励学生更加热爱养老事业，用孝心对待他们所服务的如家人般的老人。

（3）敬老文化点亮"老博会"。首届大连国际老龄产业博览会（DISIE）2004年在大连星海会展中心举办，至2018年已成功举办13届，是中国举办最早的老龄产业博览会。该展会立足东北，辐射全国，是中国东北地区级别最高、规模最大、专业性最强、国际化程度最高的盛会。在2018年展会上，来自全国的老龄办领导，医养机构的负责人，学界、产业界、投资届和旅居专家们，就大连国际老龄消费产业发展、医养融合与旅居享老、中日养老服务产业洽谈等进行了三场专业高峰论坛，共谋养老产业发展大计，洽谈养老产业合作共赢前景。

我校展位前吸引了大量养老机构的负责人前来交流，老年服务与管理专业的在校生作为志愿者在展会现场介绍了我校养老人才培养情况，并为现场的老人免费测量血压。学生的服务态度热情又自然，深受前来问询的老年人的喜爱，敬老文化的育人效果得到了潜移默化的彰显，一群为老年人服务的可爱学生成为老博会上一道亮丽的风景线。

2.学会感恩，提高职业道德

（1）学生在社区独立实训，服务暖人心，居民齐点赞。在实训工作中，2016级社区管理与服务班的学生在居委会中主动承担宣传政策法规、组织读书学习、接待群众投诉、组织文体活动和亲子活动等工作。学生置身社区管理工作的真实环境之中，运用相关专业知识、法律法规政策和方法技巧，逐渐真正掌握了专业知识和内容、操作流程和方法技巧。学生良好的职业道德受到了社区居民的高度赞扬，增强了我院学生服务居民、奉献社会的意识，提高了学生的职业道德水平。

（2）志愿服务彰显为老情怀。53岁的残疾人王龙盛患有先天性小儿麻痹症，多年来他的生活起居一直由他的大哥来照料。自2006年起，学院老年服务与管理专业学生承担起义务照顾王龙盛的重任，每周学生党员、学生干部和入党积极分子都会来到王龙盛家，帮助他洗澡、做饭、收拾家务。十余年的时间，志愿者换了一批又一批，但无私奉献、吃苦博爱的精神却在学生党支部中沉淀下来，越积越深，而这种精神也将薪火相传，生生不息。

（3）社会实践突显学院文化。"三下乡"暑期社会实践是学生发挥专业优势、理论联系实际、弘扬时代清风、传递社会正能量的有效途径。在2018年的暑期社会实践活动中，学院"送医下乡"的致远队志愿者结合老年服务与管理专业和社区康复专业优势，发扬学院敬老文化。在我校下派永宁村第一书记孙小杰的介绍下，学院团委书记张铭带领团队成员走进瓦房店市永宁镇敬老院，为那里的五保户老人送去关爱和服务。

活动现场，团队成员广泛宣传卫生保健、安全饮食、合理用药及季节性过敏性疾病防治等卫生知识，并认真为老人们按摩，深受老人欢迎。针对疾病防治、健康知识等，老人也提出了许多问题，老师和同学们都给予了耐心细致的讲解，即兴编排的文艺节目将活动现场的气氛推向高潮。最后，团队成员把精心准备的大蒲扇送给老人们，希望能在炎炎夏日为老人们带来一丝清凉，老人们接过扇子后喜悦之情溢于言表。

志愿团队的另一支队伍来到了"青竹联盟——街校共建"项目对接的辛寨子街道士林栖社区，为社区居民举办了惠民健康小讲堂。志愿者们为老人测量血压，讲解一些老年常见病的症状、治疗方法，如心脑血管疾病的种类、发作机理、易患因素等。志愿者们纷纷表示能够将学到的知识运用并传递给身边人是一件特别幸福的事。活动的成功举办被刊登在《新商报》8月2日A07版"特别的爱给特别的你"报道中。

3.服务为本，涵养敬业精神

（1）由此及彼，从身边事做起。学院中医保健协会作为专业社团之一，结合老年服务与管理专业和社区康复专业优势，感念师恩，每学期不定期地在周二下午为广大教职员工提供义务按摩服务，在提升实践技能的同时，增进了师生情谊，增添了活动载体，得到了师生的欢迎和认可。

（2）敬老文化在学生活动中随处可见。例如，在2018年的学院主持人大赛中，合作主持的选手以《母爱》为题引出了母亲节的故事，展现了当下人们在母亲节这一天的各种表达方式和存在的各种现象；在编讲故事环节，选手将"你伴我长大我陪你变老"的心声表达得淋漓尽致；在每年的心理剧大赛中，亲情、孝道、敬老爱老也是同学们一直热衷表达的主题，情节感人，令人动容。

（3）社会主义核心价值观引领敬老文化。大学生接受了更高水平的教育，思想更加完善，对于敬老有更新的想法；社会对大学生有认同感，大学生敬老可以带动社会敬老风气的转变；各大学专业丰富，学生所学能够满足老人大部分的需求。因此我们应该动用大学生敬老的力量，而让大学生产生敬老的观念，就要对其进行社会主义核心价值观教育。

社会主义核心价值观教育，首先能够培养大学生接受敬老教育的自觉性，其次能够使大学生形成正确的认识，这样他们才能够发自内心地敬老，真正考虑老人的需要，而不是功利性地养老。

8.2.4　汇集典型案例，集中宣讲

1.敬老"准员工"，赢得普遍好评

坚持不懈的敬老文化教育和职业道德培养使专业学生的职业道德水平和职业素养不断提升。在定岗实训、毕业实习的各教学环节学生们都有不俗的表现，受到校企合作单位的高度评价，下面这个发生在实习学生身上的真实故事就是一个有力的证明。

台州市老年人社会福利院于2012年上半年开业，而早在2011年11月20日，大连职业技术学院老年服务与管理专业2009级的孟爽、宋倩倩、姚婷、丁菲、刘洋、夏畦铭、史艳君、王冠、牟天华、汤玲杰、孙媛媛、冯艳珠12名学生就被这家养老机构预录用。因福利院主体建筑

当时还未完工，而养老机构求贤若渴，经过研究决定，这12名学生由养老机构的牟正炎总经理带领，在台州市老年人社会福利院的合作单位——陕西渭南市社会福利院实习。

学生们在养老机构负责人的带领下来到了陕西渭南市。台州市老年人社会福利院对这批实习生十分重视，专门在渭南市找了一家星级宾馆，以120元每天每间的价格租了6个标准间供学生们实习期间住宿，实习期间还给学生们每人每月1 000元的生活补助。这些学生商议认为，台州市老年人社会福利院为他们提供了很好的实习条件，他们实际上已经是"准员工"了，就应当为单位着想，所以决定不住标准间，而改住小旅店（每个房间可住两人，50元每天），这样可以给台州市老年人社会福利院省下一些费用。小旅店的卫生条件显然赶不上星级宾馆，但学生不辞劳苦，自己动手打扫卫生，擦玻璃、拖地板，将房间的每个卫生死角都打扫干净。小旅店老板赞叹不已，向他们竖起了大拇指——"大连来的大学生，好样的！"

小旅店离学生实习的渭南市社会福利院有近1千米远，为了安全起见，同时也为了展示自身的良好风貌，他们每天排队上下班，在渭南市成为一道亮丽的风景。

最值得称道的还是学生们在渭南市社会福利院的表现。来到福利院的第一天，院长就认为这些大学生是干不了老人护理工作的。学生们都攒着一股劲，偏要做给院长和渭南市社会福利院员工看看。这家福利院住着一名女养员，她精神有问题，瘫痪在床，只有一只胳膊能动，护理员们都不敢接近她，因为谁到她身边她就打谁。她的房间一进去就是一股难闻的味道。3名同学不怕脏，眉毛也不皱一下，为她进行了全面的清洗，并更换了衣服和被褥，也将房间打扫得焕然一新。这下渭南市社会福利院上下都轰动了，院长和护理员们都对大连来的大学生刮目相看，赞不绝口。

作为"准员工"替服务单位着想，义务为小旅店打扫卫生，排队上下班展示形象，以纯熟的专业技能护理特殊养员，这一切都源于学生们的职业观。经过在大连职业技术学院老年服务与管理专业学习的三年，良好的职业道德、职业素养、职业意识已深深地烙在他们的思想深处。

他们在未来的职业发展道路上迈出了坚实的一步。

这些学生现在在台州、宁波等地的养老机构任职，大部分走上了管理岗位。

2.不忘敬老初心，照护老人三年如一日

2014年6月，学院老年服务与管理专业2012级的学生分别到北京、天津、沈阳等地的养老机构开展为期一个月的独立实训。20名学生在我校的校企合作单位——北京北控光熙医养中心实习。该中心的护理部主任赵晨是实训指导教师，她是大连职业技术学院老年服务与管理专业2009届毕业生，几年时间她已经成为这家养老机构的管理者，在"居不易"的北京立足，月薪超万元，受到单位的重用。她为学生们讲述了自己毕业5年来在北京职场打拼的经过。

2009年，赵晨同学一毕业就下定了要在养老服务业干出成绩的决心，她在北京将府庄园敬老院从养老护理员干起，大学期间"德"与"能"的修炼，使她在这家敬老院很快脱颖而出，成为护理组长。由于德技兼备，她和另一位毕业生张娟有幸被选出，来到北京某医院护理一位老人。这位老人是我国一位国家领导人的母亲。赵晨她们接手护理这位年近九旬的老人时，老人已经十分消瘦，医生推断说"这位老人最多还有3个月的生命"。赵晨和张娟两人每天倒班，对老人进行了特别照护，奇迹出现了，3个月、6个月、1年、2年、3年，她们的精心护理使老人的生命延续了整整3年。

期间这位国家领导人来探望她的老母亲时曾多次与她们交谈，亲切和蔼地询问她们："你们毕业于哪所大学？学的什么专业？"她们回答说："大连职业技术学院老年服务与管理专业。"这位领导人说："你们这么年轻学这个专业、做这项工作真是不容易呀，你们又把我母亲护理得这么好，谢谢你们！"赵晨和张娟听了倍受鼓舞。

老人逝世后，她们俩非常悲痛，很长时间缓不过劲儿来。这天老人的家属专门和她们进行了一次谈话："你们俩3年来日复一日精心护理老人，一刻也没有离开，作为家属我们非常感谢你们！今后你们有什么打算？如果想做行政管理工作或是专业医护工作，我们可以给予你们力所能及的帮助。"

　　经过认真的考虑，赵晨和张娟说："谢谢你们的好意，为我们想得这么周到，我们俩经过深思熟虑，认为我们的长项是'老年人护理'，我们已经深深地爱上了这项平凡的工作，对奶奶3年的护理磨炼了我们的意志、大大提高了我们的护理技能，我们还是想到养老机构继续从事我们的老本行，况且与老人3年的朝夕相处，我们跟奶奶已经有了深厚的感情，如果我们用她老人家的离去换来我们的所谓美好前程，我们会时刻感到不安和愧疚的。"老人的家属被她俩的话深深地感动了！

　　赵晨和张娟同学的言行令人感动，"立德强能"绝不是一句空话，只有真正地做到了，才能像她们那样换来如今的事业有成。

　　赵晨、张娟现已成为北控光熙医养中心护理部的负责人，她们在养老服务的平凡岗位上一定会取得新的更大的成绩。

　　3.为了咱的"爹"和"娘"，最美养老护理员的情怀

　　2014年8月，学院传来了令人振奋的喜讯，老年服务与管理专业2012届毕业生刘振伟在"江苏省第一届最美养老护理员"评选中脱颖而出，被评为"江苏省最美养老护理员"（全省共评出10名）。在"为了咱的'爹'和'娘'——2014江苏省最美养老护理员颁奖典礼"上，刘振伟激动地接过了"沉甸甸"的获奖证书（如图8-1所示）。

图8-1　为了咱的"爹"和"娘"——2014江苏省最美
养老护理员颁奖典礼上的刘振伟

　　2011年年底，刘振伟参加毕业顶岗实习，来到学院老年服务与管理专业校企合作单位——南京市祖堂山社会福利院，成为一名养老护理员，因实习期间表现优异，毕业后顺利留在该院继续从事养

老护理工作。在很多人眼里，养老护理员并不是当下年轻人该选择的理想职业，但刘振伟毅然决然地选择做下去。他常说："我适合做养老护理员，我喜欢和老年人在一起，我有自信可以做好这份工作。"

两年多来，他以满腔的热忱，全身心地投入到养老护理员工作之中。他充分运用自己的护理专业知识，做到理论联系实际，得到了服务对象和护理部的一致认可。2012年，他从层层选拔中脱颖而出，代表单位参加南京市第六届职工职业（行业）技能大赛（养老护理员技能竞赛），获得个人第五名的好成绩。2013年，他参加了第三届江苏省民政行业职业技能竞赛（养老护理员竞赛），并获得个人二等奖；同年，又在第三届全国民政行业职业技能竞赛暨全国第二届养老护理员职业技能竞赛中获得个人二等奖。一个个荣誉的背后，是刘振伟不断付出的汗水。作为护理员，他充分利用倒班生活的间隙，不断学习、训练，使自己的专业能力得到提升。

2013年年底，"刘振伟工作室"正式在南京市祖堂山社会福利院挂牌，这是单位对刘振伟工作成绩的肯定，也是为了最大限度地发挥他的专业特长。刘振伟在做好日常工作的同时，立足工作室，做好养老护理员的带教工作。作为一名年轻的护理员，刘振伟始终保持谦虚的态度；在带教工作中，他从自身专业特长出发，秉承与实习生以及年长的护理员互相学习的理念，帮助他们，使其在养老护理与服务上更加专业，单位10余名非专业养老护理员在他的带教下都取得了养老护理员初级资格证书。

将近3年的养老护理工作时间不是很长，但对刘振伟来说，他把最美好的青春都奉献在了养老护理事业上，并且还将在这条道路上继续前行。每当有人质疑他的选择时，他都会说："我坚信，我可以！"

以上大连职业技术学院老年服务与管理专业毕业生的敬老典型和先进事例，激励着一届届毕业生投身养老事业，他们不断地将学院的敬老文化传承下去。

8.3 敬老文化建设成效

8.3.1 孝道教育是敬老文化的有力切入点

孝道教育和敬老文化相互渗透，相得益彰。二者在培养目标上具有一致性，即培养道德品质与培养成品德高尚、人格健全、思想进步的人的一致；二者在价值取向上具有相通性，即社会和他人的生存及发展与"孝为德之门，德为孝之显"的相通；二者实现了教育内容的相融性，即对大学生进行以孝道为核心的传统美德教育是学院敬老文化建设的重要内容。

8.3.2 敬老文化拓宽了孝道教育的辐射范围

"敬老文化"系列教育活动的有效开展，使学生从多个方面提升了道德修养："小孝及家，大孝惠国"，体现了孝文化的爱国主义内涵；以孝德扩展仁心，以谦虚恭敬的态度对待他人，逐步营造团结友善的和谐校园环境；唤起大学生的感恩心和感恩情，用感恩心来融化人们的自私心、冷漠心和自卑心，培养与人为善、与人为乐、乐于助人的品德，强化了学生的感恩意识；增强了大学生对家庭的担当意识，把尽孝同学业和事业紧密结合起来，进而发展为对自己工作的担当、对社会的担当；使学生将诚信作为修德之本、立人之道，强化了大学生的诚信意识，大学生把信用作为道德底线来对待，并积极提高自身的道德修养。

8.3.3 学生将敬老之心转化成敬老之举，道德修养显著提升

敬老文化建设开展以来，学生的敬老观念经历了从初识到深刻领悟的过程，情景模拟式的情感体验将学生的感悟推向一个新的高度，并进一步内化于心、外化于行，通过榜样的力量影响和带动他人。在关爱空巢老人的社会实践活动中，学生自然、真实的情感流露和良好的人际沟

通能力，很好地诠释了我院道德修养教育的殷实成果，学院的社会声誉得到进一步提升。

8.4 敬老文化建设感悟

8.4.1 把握文化建设命脉

学院以思想建设为引领，把握敬老内涵，发挥专业特色及其辐射功能，紧跟养老产业需要，依托企业文化渗透，精心设计活动载体，创新活动形式，凝练提升育人宗旨，去粗取精，反复推敲，以做精品文化建设为目标，做精品活动中的精品项目，做精品项目中的精品环节，层层打磨，推陈出新。

8.4.2 注重文化建设的延续

学院以此文化建设项目为活动导向，进一步拓宽活动领域，保持活动延续性；以敬老爱老为出发点，着力探寻新的育人方向，提升育人的持久性和渗透性。

8.4.3 形成文化建设工作机制

结合敬老文化建设育人主题，学院以培养优秀个人和创建优秀团队为抓手，在活动中贯穿成长成才经验和引导，完善学生的成长成才途径；结合督促检查，有计划地开展阶段性考评工作，提升活动影响力，促进活动见成效，使敬老文化真正落到实处，收到实效。

8.5 老年服务职业道德规范

为了推进老年服务与管理专业"敬老文化"育人项目，大连职业技术学院特别制作了《敬老文化手册》（其封面如图8-2所示）。该手册包含了敬老文化的内涵，老年服务职业道德基本原则、规范，以及老年生活护理职业道德规范、老年心理护理职业道德规范、老年康复护理职业道德规范等内容。学生人手一册，不断加强职业道德的自我教育和自我修炼。这里节选其中部分内容，以飨读者。

图8-2 《敬老文化手册》封面（设计者：金磊）

（一）老年服务职业道德规范

热爱专业，献身事业；感恩敬老，明理践行；

体贴关怀，扶弱解困；恪尽职守，任劳任怨；

热情亲切，一视同仁；钻研业务，精益求精；

举止端庄，用语文明；自律慎独，谨言守密；

以诚相待，团结友善；完善自我，自尊自强。

1.热爱专业，献身事业

热爱是最好的老师，热爱老年服务专业，认同这一职业，并把它当作一项事业来做是职业道德的首要规范，也是能够做好本职工作最重要的基础条件。因此要全身心地投入其中，培养自己"爱"的情感，把从事这项事业当作最快乐的事，以恭敬、严肃、负责的态度对待工作，一丝不苟，兢兢业业，专心致志，勤奋自强。你会发现成功与幸福将与你相伴同行。

2.感恩敬老，明理践行

老年人已经为国家和社会做出了很大的贡献，创造出了许许多多物质财富和精神财富。作为晚辈的我们正在享用着这些财富，因此我们要怀着一颗感恩的心，敬爱他们，服务于他们，要运用我们所掌握的文化知识和专业技能全心全意地为老人服务，尽心竭力地为老人提供优质、高效、温馨、安全、满意的服务。

3.尊老爱老，扶弱解困

尊老爱老是中华民族的传统美德，在工作中要把老人当作自己的亲人，无微不至地关怀照顾他们。接待老人要和蔼热心；服务老人要认真细心；对待老人要体贴关心；随时帮助老人解决各种难题。

4.恪尽职守，任劳任怨

忠于职守，认真负责，刻苦勤奋，不懈努力，忠实地履行岗位责任，执行岗位规范，在任何时候、任何情况下都能坚守岗位，不厌其烦，任劳任怨。

5.钻研业务，精益求精

对本职工作业务纯熟，精益求精，力求使自己的技能不断提高，使自己的工作尽善尽美，不断有所进步、有所发现、有所创造。

6.热情亲切，一视同仁

热情地为老人服务，对老人提出的看法和要求能够耐心地倾听，对待所有的老人都亲切自然，不分薄厚，平等相待。

7.举止端庄，用语文明

讲究礼节、礼仪和礼貌，行为举止得体、适宜；说话文明，称呼恰当，语言亲切平和、温文尔雅，听来舒心愉快。

8.自律慎独，谨言守密

在生活护理、心理护理、康复护理中能够自觉履行岗位职责，尤其是在独立工作，别人没有看到的情况下要严格自律，保持良好的服务状态，谨言慎行。要保守秘密，尊重老人的隐私，成为老人的知心朋友。

9.以诚相待，团结友善

对待同事要团结友爱，以诚相待，要互相关心，互相帮助，互敬互谅。无理要认错，有理要让人，消除工作中的摩擦和矛盾；为了共同目标，增强凝聚力，形成良好的人际氛围，珍惜团结，顾全大局。

10.完善自我，自尊自强

要加强学习，不断充实完善自我；在工作中要敢于破除旧的观念，勇于做别人没做过的事，敢于走前人没走过的路，善于开创新的局面，自尊自爱，自立自强。

（二）老年生活护理职业道德规范

老年生活护理：是指对因体弱、疾病或身体障碍而需要他人帮助和照顾的老人，在日常生活上给予照料和援助。其工作内容主要包括老人的饮食护理、排泄护理、身体清洁护理、体位变换与移动、穿着的照料、创建舒适的生活环境、睡眠的护理等。老年生活护理职业道德规范包括以下方面：

1.热爱本职，忠于职守

忠诚护理事业，是护理人员的一种高尚的道德信念，热爱本职工作是这种信念转化为道德行为习惯的具体表现。要把勤勤恳恳、兢兢业业、认真负责、一丝不苟的工作态度贯穿于生活护理工作始终。

2.敬老爱老，爱岗敬业

护理人员应具有职业良心，做到把老人的利益放在第一位，视老人如亲人，不怕脏和累，用高度的责任心和深厚的同情心、良好的服务态度和严谨的科学作风献身护理事业。

3.严格履责，遵纪守法

护理人员要自觉意识到自己的道德责任，工作中应严格遵守规章制度和执行各种技术操作规程，专心致志，认真细致，耐心谨慎，做到有严肃的态度、严格的要求、严密的方法，使护理工作有条不紊，使各项护理措施正确、及时、有效。

4.助人为乐，勤于奉献

护理工作艰苦又细致，因此护理人员应具备乐于助人、勤于奉献的精神，应一切从老人的利益出发，满怀深情地理解、体谅、帮助老人。必须十分注意自身的素质修养，通过语言、表情、态度、行为来影响老人的感受和情绪，使之感到温暖，增强信心，减少顾虑，振奋精神，保持最佳的心理状态，增强机体抗病能力，能够幸福地度过老年生活。

5.文明礼貌，举止端庄

文明礼貌是老年生活护理职业的一个基本要求。首先要用好语言，要做到用语礼貌，称呼恰当，耐心倾听老人说话。其次要具备良好的仪容仪态，包括穿着、打扮、行为举止和个人卫生等方面。

6.业务熟练、技术精湛

生活护理是一项艰苦、琐碎而又充满了爱与智慧的工作，需要我们用爱心和恒心不断地学习相关知识，钻研护理技术，掌握护理技能，并在实践中不断地摸索护理技巧，成为业务熟练、技术精湛、受老人欢迎的生活护理员。

（三）老年心理护理职业道德规范

老年心理护理：就是在护理的过程中，运用心理学的知识和方法，通过语言、行为、表情、态度和姿势等去影响或改变老人的心理状态和行为，以减轻或消除老人的各种不良情绪，促进老人的身心健康。老年心理护理职业道德规范包括如下方面：

1.敬老爱老，热情周全

老人一生操劳，对社会做出了很大的贡献，理应受到尊敬和热爱，敬爱老人，是做好心理护理的前提；对老人充满热情地提供全面、周到、高质量的服务是使老人产生归属感和幸福感，进而促进老人身心健康的必要条件。

2.关怀体贴，感同身受

要亲切温和、体贴入微地护理老人，要站在老人的立场上，设身处地地为老人着想，理解他们心灵的孤独感，主动接近他们，用心去体会他们的感受，并与其产生心理共鸣，努力成为他们的知心朋友。

3.关注变化，安慰疏导

在护理过程中要随时关注老人的情绪情感变化，有不开心的事要及时安抚，发现情绪不佳要及时疏导，要做到循循善诱，动之以情，以善良、恭顺和宽容之心对待每一位老人，使他们经常保持快乐愉悦的心情。

4.耐心细致，满足需要

在护理过程中，要始终贯穿着爱心、细心、耐心，全心全意为老人服务，要一丝不苟、不烦不躁，要想方设法为老人分忧解难。

5.以人为本，公正平等

这里说的是以"老人为本"，对待老人要一视同仁，无论职位高低、贫富如何、远近亲疏，都要以诚相待，尊重人格、体现公平，并提供个性化护理服务。

6.举止文雅，语言贴切

护理人员在工作中要服装整洁，容貌端庄；语言亲切，称呼适宜；乐观幽默，文明有礼，让老人看着喜欢，听着舒心。

7.尊重信任，保守秘密

尊重老人的人格，维护老人的自尊，不辜负老人的信任，替老人保守秘密，不向他人透露老人的隐私，这是心理护理人员必备的基本道德要求。

8.钻研技能，精益求精

精湛的护理技能是实现护理效果的重要保证，因此要认真学习心理学、伦理学知识，勤奋钻研并不断完善自己的心理护理技能技巧，自律慎独，立志成为优秀的心理护理人员。

（四）老年康复护理职业道德规范

老年康复护理：老年人身体的各种功能都处于弱化和退化状态，老年康复护理就是要通过护理服务和各种康复训练来改善老年人的身体功能，预防疾病，延缓衰老，保持和提升老年人的健康水平，使老年人身体更加的舒适，也使老年人更有尊严、更被人尊重。给予老年人高水平的生活品质是老年康复护理追求的目标。老年康复护理职业道德规范包括以下方面：

1.遵守制度，维护环境

护理人员要遵守社会公德和各项规章制度，关心集体，爱护养老机构的公共设施，为老人提供、维护一个舒适的康复环境。

2.工作认真，谦虚谨慎

护理人员对工作要有高度的责任感和严肃认真、谦虚谨慎的态度，对护理过程中出现的任何问题都要认真对待，还要灵活、机智、及时、有效地处理好各种突发性事件，做到老人利益无小事。

3.尊重科学，规范操作

康复护理工作必须以医学及相关科学理论为指导，严格执行操作规程，认真履行岗位职责，遵守各项规章制度，使护理工作科学化、规范化，从而提高质量，确保效果。

4.举止端庄，语言文明

护理人员言谈举止要端庄得体，给老人以干净、整洁、健康的形象，使老人有良好的心情，愉快地、积极地配合康复护理。

5.尊重信仰，保护隐私

护理人员与老人互动频繁，关系密切。护理人员要了解老人的需求，尊重每一个人的生活习惯、价值观和宗教信仰；要尊重老人家属，以平等的态度同家属交流，征求意见，保护老人隐私，确保老人有自己的独立空间，为老人的个人信息保密。

6.维护权益，鼓励自主

维护老人的权益和尊严，给老人充分选择的权利，确保老人得到及时的帮助和服务，并给予其精神支持和心理安慰，鼓励老人不仅在行动上逐渐恢复独立，而且在思想上增强自主意识，克服依赖心理。

7.团结协作，同心同德

护理人员要讲究团结，讲究协作，要互相关心，互相爱护，互相学习，互相帮助。工作中要积极支持，主动配合，顾全大局，同心同德。

8.提高素质，完善自我

护理人员在工作中要不断学习，逐渐提高，加强自身专业技能，提高自身道德素质修养。在康复护理服务过程中，要处处以老人为重，以帮助老人维持、恢复健康为荣，不断进行自我完善，实现人生价值。

我们的使命是为老人提供连续性的护理服务，尊重每位老人的独特性，帮助老人提高生活能力和社交能力，改善其生活质量，成为老人心灵上的慰藉者、行动中的扶持者，做老人永远的朋友！

参考文献

[1] 李光，李红霞. 积极老龄化视域下老年人力资源开发的策略 [J]. 中国成人教育，2020（8）.

[2] 高秋萍，韩振燕，曹永. 老年人力资源开发视域下的老年教育发展策略研究 [J]. 成人教育，2020（8）.

[3] 童玉芬，廖宇航. 银发浪潮下的中国老年人力资源开发 [J]. 中国劳动关系学院学报，2020（4）.

[4] 黄玖琴，梁成艾，王德召. 老龄化背景下武陵山区农村老年人力资源开发问题及对策 [J]. 职教论坛，2018（8）.

[5] 郑爱文. 基于异质性视角的低龄高智老年人力资源开发利用探析 [J]. 北方民族大学学报（哲学社会科学版），2019（4）.

[6] 焦婷. 我国老年人力资源开发研究二十年综论——基于CNKI文献分析视角 [J]. 老年科学研究，2018（10）.

[7] 王宁娟. 从年龄概念上探讨老年人力资源再开发——基于人口老龄化背景下 [J]. 商业经济，2018（9）.

[8] 王德召，梁成艾，黄玖琴. 农旅一体化背景下职业农民教育途径探析 [J]. 职教论坛，2018（6）.

[9] 闫立娜，杨丽波. 教育赋权诉求下我国老年教育的社会调适研究 [J]. 终身教育研究，2018（6）.

[10] 武鹏，韩雪文. 农村老年人力资源开发与老年产业协同推进研究 [J]. 农业经济，2018（5）.

[11] 梁淑雯. 渐进式延迟退休背景下城镇低龄老年人力资源开发研究 [J]. 陕西: 西北农林科技大学, 2018 (5).

[12] 梁成艾. 武陵山片区农村劳动力就业能力提升策略研究 [J]. 职教论坛, 2017 (28).

[13] 章义, 张石峰, 余池增. 老年人力资源开发的动因及策略构想: 以广东省肇庆市为例 [J]. 知识经济, 2017 (3).

[14] 孙平, 彭青云. 人口老龄化背景下美德老年人力资源开发经验及启示 [J]. 中国人力资源开发, 2016 (21).

[15] 姚远. 老年群体更替: 积极应对人口老龄化必须考虑的问题 [J]. 西南民族大学学报 (人文社会科学版), 2016 (11).

[16] 陈思艺. 人口老龄化背景下我国老年人力资源开发的探究 [J]. 时代金融, 2016 (2).

[17] 吴香雪, 王三秀. 人口老龄化背景下老年人再就业问题研究 [J]. 青海社会科学, 2015 (6).

[18] 魏淑清. 人口与经济发展的相关性分析——基于西部11个省会城市的时序和截面数据 [J]. 北方民族大学学报 (哲学社会科学版), 2015 (5).

[19] 刘情, 班晓娜. 城市社区低龄老年人力资源开发策略分析 [J]. 理论观察, 2014 (9).

[20] 程杰. "退而不休"的劳动者: 转型中国的一个典型现象 [J]. 劳动经济研究, 2014 (5).

[21] 梁成艾. 社会转型期职业教育人力资源开发功能嬗变之制度变迁理论审视 [J]. 职教论坛, 2013 (34).

[22] 杜鹏. 中国老年人口健康状况分析 [J]. 人口与经济, 2013 (6).

[23] 叶忠海. 老年教育若干基本理论问题 [J]. 现代远程教育研究, 2013 (6).

[24] 廖煜娟. 老年人就业意愿与就业行为研究 [J]. 贵州大学学报 (社会科学版), 2013 (1).

[25] 余涵烟. 银色人才: 我国老年人力资源开发 [J]. 时代金融, 2012 (15).

[26] 金易. 论老龄人力资源深度开发 [J]. 学术交流, 2012 (1).

[27] 谢保群. 终身教育体系视域下我国老年教育的发展课题 [J]. 中国老年学杂志, 2011 (16).

[28] 顾玉清. 法国应对老龄化的战略举措 [J]. 人才资源开发, 2011 (5).

[29] 梁誉. 我国人口老龄化与老年人力资源开发 [J]. 管理学刊, 2011 (2).

[30] 陈月珺. 关于老年人力资源开发的思考 [J]. 海南师范大学学报 (社会科学版), 2011 (2).

[31] 王莉，王彦力．我国老年人力资源开发探析 [J]．长沙大学学报，2010（6）．

[32] 王金营，杨磊．中国人口转变、人口红利与经济增长的实证 [J]．人口学刊，2010（5）．

[33] 胡绍英，张丽琍，张坤．北京市老年人力资源开发的必要性研究 [J]．劳动保障世界，2009（12）．

[34] 林义．美国的退休年龄怎么规定 [J]．人力资源开发，2009（12）．

[35] 封进，胡岩．中国城镇劳动力提前退休行为的研究 [J]．中国人口科学，2008（4）．

[36] 李冬生．试论我国老年人力资源开发 [J]．沿海企业与科技，2007（12）．

[37] 刘国华．我国老年人力资源开发的意义及对策 [J]．经济论坛，2007（8）．

[38] 王德文．人口低生育率阶段的劳动力供求变化与中国经济增长 [J]．中国人口科学，2007（1）．

[39] 董之鹰．老年社会角色转换价值的理论研究：构建21世纪老年人口价值观的思考 [C]．第二届中国老年人才论坛论文集，2006．

[40] 韩树杰．美国老年教育的成功经验及其启示 [J]．湖南大学成人教育学院学报，2006（2）．

[41] 熊斌．试论我国老年人才资源的开发利用 [J]．重庆工学院学报，2004（5）．

[42] 高飞．国外缓解人口老龄化压力举措 [J]．社会科学辑刊，2005（3）．

[43] 姚远．从财富论到资源论：对老年人力资源问题的再认识 [J]．学海，2004（1）．

[44] 马娟．现代老年人智力的衰退与发展——关于卡特尔晶体智力—液体智力理论的质疑 [J]．心理学探新，2004（1）．

[45] 田雪原．全面建设小康社会中的人口问题 [J]．人口学刊，2003（5）．

[46] 闵钟．人口老龄化与老年人力资源开发 [J]．经济师，2003（6）．

[47] 陈天勇，韩布新，王金凤．工作记忆年老化研究进展 [J]．心理科学，2003（1）．

[48] 阴国恩．老年人需要及相关因素的研究 [J]．天津师范大学学报（社会科学版），2001（5）．

[49] 减少人口老龄化对经济发展影响的三种设想 [N]．世界报（法国），2001（3）．

[50] 姜向群．对老年人社会价值的研究 [J]．人口研究，2001（2）．

[51] 向佐春．试论西方人力资源管理思维方式的沿革——从线化思维到复杂思

维［J］. 南开管理评论，2000（5）.

[52]　董之鹰. 新世纪的老年教育与资源价值观［J］. 中国人口·资源与环境，2001（1）.

[53]　万克德. 老年人口：一种亟待开发利用的社会资源［J］. 人口学刊，1997（2）.

[54]　张岩松. 文化育人的研究与探索——兼论大连职业技术学院老年服务与管理专业敬老文化育人［M］. 大连：东北财经大学出版社，2020.

[55]　谢尔马赫. 老寿星的密谋：长寿社会的挑战及其应对策略［M］. 于晓瀛，译. 上海：上海社会科学院出版社，2006.

[56]　张凤林. 人力资本理论及其应用研究［M］. 北京：商务印书馆，2006.

[57]　李继樊，罗仕聪. 人力经济学——兼论经济全球化与中国人才战略［M］. 北京：中国经济出版社，2005.

[58]　萧政鸣. 中国政府人力资源开发概率［M］. 北京：北京大学出版社，2004.

[59]　赵秋成. 人力资源开发研究［M］. 大连：东北财经大学出版社，2001.

[60]　邬沧萍. 社会老年学［M］. 北京：中国人民大学出版社，1999.

[61]　沈安，黄成飘，朱胜利. 不老之路——海外老龄大观［M］. 北京：中国经济出版社，1991.

[62]　王宏昌，林少宫. 诺贝尔经济学奖金获得者演讲集（中）［M］. 北京：中国社会科学出版社，1997.

[63]　斯密. 国民财富的性质和原因的研究（上卷）［M］. 郭大力，王亚南，译. 北京：商务印书馆，1988.

[64]　索维. 人口通论［M］. 北京经济学院经济研究所人口研究室，译. 北京：商务印书馆，1982.

[65]　配第. 政治算术［M］. 陈冬野，译. 北京：商务印书馆，1978.

[66]　郭梦怡. 增权视阈下城市老年人社会参与研究［D］. 长春：吉林大学，2017.

[67]　赵栖梧. 人口老龄化背景下北京市低龄老年人力资源开发研究［D］. 北京：北京交通大学，2017.

[68]　赵丽清. 中国老龄化背景下城镇老年人力资源开发研究［J］. 天津：天津财经大学，2016.

[69]　李洁. 渐进式延迟退休政策下的老龄人力资源开发可行性分析［D］. 天津：天津财经大学，2015.

[70]　刘帆. 人口老龄化背景下我国城镇老年人再就业问题研究［D］. 吉林：吉林大学，2013.

[71] 丁盼盼. 福建省老年人力资源开发研究：基于老年教育角度 [D]. 福州：福建农林大学，2012.

[72] 金易. 人口老龄化背景下中国老年人力资源开发研究 [D]. 长春：吉林大学，2012.

[73] 程馨. 中国人口老龄化背景下的老年人力资源开发研究 [D]. 青岛：青岛大学，2008.

[74] 赵飞. 我国人口老龄化和老年人力资源开发 [D]. 长春：吉林大学，2004.

[75] Kalwij A，Kapteyn A，De Vos K. Early Retirement and Employment of the Young [J]. SSRN Electronic Journal, 2009.

[76] Leibfritz W，Roeger W. The Effects of Aging on Labor Markets and Economic Growth [J]. OECD Observer, 2008 (16).

[77] Steinmeier T. The Evolving Pension System：Trends，Effects，and Proposals for Reform. [J]. Journal of Pension Economics & Finance, 2007, 6 (3).

[78] Brunow S，Hirte G. Age Structure and Regional Economic Growth. Jahrbuch Für Regionalwissenschaft [J]. 2006, 26 (1).

[79] Fenge R，Werding M. Ageing and the Tax Implied in Public Pension Schemes：Simulations for Selected OECD Countries [J]. Fiscal Studies, 2004, 25 (2).

[80] Arthur O'Sullivan，Steven M. Sheffrin. Economics：Principles in Action [M]. New Jersey：Pearson Prentice Hall, 2003.

[81] Organization WH. Active Ageing：Policy Frame-work [J]. The Aging Male, 2003 (1).

[82] Profeta P. Aging and Retirement：Evidence Across Countries [J]. International Tax & Public Finance, 2002, 9 (6).

[83] Broer D P. Growth and Welfare Distribution in an Ageing Society：an Applied General Equilibrium Analysis for the Netherlands [J]. De Economist, 2001, 149 (1).

[84] Peterson P G. Gray Dawn：How the Coming Age Wave will Transform America—and the World [J]. New York Times Books, 1999, 78 (2).

[85] Alders P. Human Capital and Retirement [J]. Tinbergen Institute Discussion Paper, 1999, 5 (4).

[86] Samwick A A. New Evidence on Pensions，Social Security，and the Timing of Retirement [J]. Journal of Public Economics, 1998, 70 (2).

［87］ Bloom D E，Williamson J G.Demographic Transitions and Economic Miracles in Emerging Asia ［J］. 47NBER Working Papers，1997，12（3）.

［88］ Elaine Cumming，William Earl Henry.Growing Old ［M］. New York：Basic，1961.

［89］ 国家统计局. 中华人民共和国 2019 年国民经济和社会发展统计公报 ［EB/OL］. ［2020-10-20］. http：//www. stats. gov. cn/tjsj/zxfb/202002/t20200228_1728913.html.

［90］ 陈炜伟. 70 年来我国人均预期寿命从 35 岁提高到 77 岁 ［EB/OL］. ［2019-08-22］. http：//www. gov. cn/xinwen/2019-08/22/content_5423534. htm.

［91］ 马晓华. 应对人口老龄化，中央出台这份重磅文件，生育政策将进一步优化 ［EB/OL］. ［2020-10-20］. https：//www.yicai.com/news/100411841.html.

［92］ 国家统计局. 2018 年国民经济和社会发展统计公报 ［EB/OL］. ［2020-10-20］. http：//www. stats. gov. cn/tjsj/zxfb/201902/t20190228_1651265. html.

［93］ 搜狐网. 人社部：2030 年后劳动年龄人口每年将减少 760 万 ［EB/OL］. ［2020-10-20］. https：//www.sohu.com/a/107121141_119536.

［94］ 全国老龄工作委员会办公室. 中国人口老龄化发展趋势预测研究报告 ［EB/OL］. ［2019-11-20］. http：//www.cncaprc.gov.cn/contents/16/11224. html.